书桌平静又一年

王春瑜/著

金城出版社
GOLD WALL PRESS

图书在版编目（CIP）数据

书桌平静又一年/王春瑜著. —北京：金城出版社，2011.4
ISBN 978-7-80251-884-1

Ⅰ.①书… Ⅱ.①王… Ⅲ.①读书笔记－中国－现代 Ⅳ.①G792
中国版本图书馆CIP数据核字（2011）第041196号

书桌平静又一年

作　　者 王春瑜
责任编辑 雷燕青
开　　本 635毫米×965毫米　1/16
印　　张 14.5
字　　数 170千字
版　　次 2011年4月第1版　2011年4月第1次印刷
印　　刷 北京蓝迪彩色印务有限公司
书　　号 ISBN 978-7-80251-884-1
定　　价 28.00元

出版发行 **金城出版社** 北京市朝阳区和平街11区37号楼 邮编：100013
发 行 部 （010）84254364
编 辑 部 （010）84250838
总 编 室 （010）64228516
网　　址 http://www.jccb.com.cn
电子邮箱 jinchengchuban@163.com
法律顾问 陈鹰律师事务所（010）64970501

序

朝暮筆耕送晚霞

書海拾貝度年華

我心如熾君知否

春潮澎湃到天涯

王春瑜

庚寅小雪

Contents 目 录

001 书海偶记

147 世说新语

书海偶记

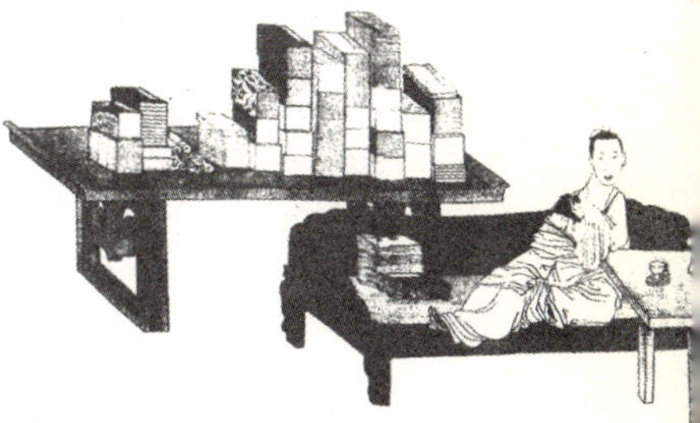

自古君王不认错——读《玉抱肚·官悟》

明代有首《玉抱肚·官悟》的小曲，有句曰："一边是富贵荣华，一边是地网天罗。忠臣义士待如何？自古君王不认错！"（路工编：《明代歌曲选》卷10）——这首小曲的最后一句，说得好极了！它一针见血地揭露了位居"九五之尊"的封建帝王们，历来是"不认错"，也就是不肯纳谏的；而那些进谏的"忠臣义士"，则往往挣扎在封建专制主义淫威的"地网天罗"之中。

历史的实际情况就是这样的。

为了欺骗人民群众，为了调节统治阶级内部的矛盾，任何剥削阶级总是要装饰几枝虚幻的花朵。设置"谏官"，表面上允许在帝王的耳边嘁嘁喳喳，其实就是封建专制主义国家机器上"只可雾中看"的一朵惨白的小花。《尚书·胤征篇》谓："官师相规，工执艺事以谏"。据此可知，在漫长的中国封建社会中，帝王求谏的把戏，是由来已久的。

玩把戏的人有句口头禅："眼睛一眨，老母鸡变鸭。"历代封建帝王的最骗人的把戏，是眼睛都不眨一下，就在董仲舒之流"天人合一""君权神授"的鼓噪声中，把自己美化为神。于是，帝王的嘴巴"含天宪"，他的每一句话，都成了"圣旨"，即"天之令也"（《董子文集》卷1），是芸芸众生不能触犯丝毫的。这就不难想见，向头上缭绕着灵光圈、人间真正的至高无上的神——帝王进谏，尤其是"犯颜直谏"，其后果是什么了。

举几个尽人皆知的例子：殷纣王的叔父比干，见纣王荒淫无道，屡次劝谏，竟被纣王下令剖腹而死，另一个纣王的亲戚箕子，也是屡次进谏，纣王不但不听，反而一巴掌把他打入牢房，直到周武王灭商后，才被释放；明朝正德元年，御史蒋钦等进谏，弹劾权奸刘瑾，竟被廷杖，打得皮开肉绽，惨死狱中；天启四年，左佥都御史左光斗进谏，奏劾臭名昭著的宦官魏忠贤32条罪状，结果左光斗被罢了官，死在牢里；如此等等，史不绝书。

也许有人会说，殷纣王之流是暴君、昏君，是拒谏饰非的，“明君雄主”——也就是好皇帝，当非如此吧？也不见得。朱元璋显然不能算是坏皇帝，但是，他对进谏者也常常是“龙颜大怒”，滥杀谏者。洪武初年，御史王朴生性耿直，每向朱元璋进谏，“辨是非不肯屈”，“太祖怒令戮之，及市，召还，谕之曰：‘汝其改乎？’朴对曰：‘陛下不以臣为不肖，擢官御史，奈何摧辱至此！使臣无罪，安得戮之？有罪，又安得用之？”（《南京都察院志》）王朴的回答，义正词严。但朱元璋还是一刀砍下了他的头。

即使以求谏、纳谏闻名的唐太宗李世民，又哪里能真正正确对待进谏者？著名的谏臣魏征，生前曾被李世民似乎视为掌上珠，病死后，李世民还煞有介事地跑到他家，“拊之流涕”。但不久，却解除了其女衡山公主和魏征儿子叔玉的婚约，并悍然“仆所为碑”（《新唐书·魏征传》），即推倒了他亲自作碑文的魏征的墓碑。唐太宗对谏臣的真情实感，如此而已。

惟其如此，元末诗人张宪单刀直入地说，“其杀征之意，未尝不根于心也”，并写了一首长诗《代魏征田舍翁词》，辛辣地嘲讽道：“喜臣则谓臣妩媚，恶臣则詈臣田舍翁……臣幸而身先朝露，使臣不幸，恐不免随比干，似龙逢，独不记臣言良与忠！”（《玉笥集》卷2）

在历代帝王的眼里，谏官究竟算什么呢？鲁迅曾指出：“奴隶只能奉行，不许言议；评论固然不可，妄自颂扬也不可，这就是‘思不出其位’。譬如说：‘主子，您这袍角有些儿破了，拖下去怕更要破烂，还是补一补好’，进言者方自以为进忠，而其实却犯了罪，因为另有准其讲这样的话的人在，不是谁都可以说的。”（《且介亭杂文·隔膜》）看来，在帝王的眼里，即使是最受宠信的谏官，至多也不过是允许进言“补一补”“袍角”的奴才。

有些谏臣，也未尝不知道自己的这种身份。元代至元二十四年，桑哥“专权擅政，虐焰薰天”，大臣彻理向元世祖忽必烈进谏，力斥桑哥之罪，忽必烈大怒，下令左右开弓，猛打彻理的耳光。彻理辩护说：“臣思之熟矣，国家置臣子，犹人家畜犬。譬有贼至而犬吠，主人初不见贼，乃棰犬，犬遂不吠，岂良犬哉！”（《南村辍耕录》卷2）原来，帝王与谏臣的关系，乃是主人与所豢养的良犬的关系。

此中奥妙，当时的老百姓也未必没有识破。宋代的包拯，不仅是赫赫有名的“清官”，也是个曾经“反复数百言，音吐愤疾，唾溅帝面”（《曲洧旧闻》卷1）的谏臣。但是，元代的民间戏文中，却这样描绘他的身份：“老夫有件事向君王陈奏，只说那权豪每是俺敌头。他便似打家的强贼，俺便似看家的恶狗。”（《元曲选》甲集，《包待制陈州粜米杂剧》）显然，在封建皇帝面前，被其目为狗、奴的谏官的命运，以及他们的进谏究竟有多大、多久的效用，也就可想而知了。

“自古君王不认错！”——应当说，这支小曲是独具只眼的。

发指皆裂——读《诏狱惨言》

《诏狱惨言》，这是一本只有14页的小书，收在《指海》丛书第五函中。作者为了隐姓埋名，署“燕客具草”撰，但实际上，是时人顾大武的手笔。这本书很值得一读。透过它所记录的使明末清初不少读者

“发指皆裂”的血腥事实，三百多年前极端专制主义君权统治下的特种监狱——诏狱的罪恶种种，便重新展现在我们眼前。

何谓诏狱？新版《辞海》解释说，即“皇帝诏令拘禁犯人的监狱”。这个解释是比较贴切的。当然，跟封建专制主义锁链上的种种“国粹”一样，诏狱并非是明代的“特产”，而是资格甚老，古已有之。史载，“绛侯周勃有罪，逮诣廷尉诏狱。”（《汉书·文帝纪》）可见汉文帝时已设诏狱。当然，在汉代及以后的朝代，有时也把奉皇帝诏书审讯的案件，称为诏狱。但比起《诏狱惨言》中所述明末的诏狱来，真是小巫见大巫了。

《诏狱惨言》记的是“天启乙丑杨左六君子事”，也就是公元1625年的“六君子”关在诏狱受尽迫害的情景。所谓“六君子”是指当时已被罢官的副都御史杨涟、佥都御史左光斗、给事中魏大中、御史袁化中、太仆寺少卿周朝瑞、陕西副使顾大章。起先，臭名昭著的阉党头子魏忠贤，拉大旗作虎皮，捏造罪名，把杨涟等六人拖到天启初年曾任内阁中书的汪文言冤案中，捕入诏狱。

但是，后来魏忠贤的走卒、大理寺丞徐大化出鬼点子说，仅仅将杨涟等与汪文言挂上钩，不过是坐以已成旧案的罪过，不如“坐纳杨镐、熊廷弼贿，则封疆事重，杀之有名”（《明史》卷306贾维华传）。

这样，杨涟等人就被分别诬陷为接受熊廷弼贿赂，导致明军在关外与后金（清）之战中丧师辱国的罪名，实在是“罪莫大焉”。（按：熊廷弼的被杀，本身就是个大冤案）更可怕的罪名既已定下，更残酷的迫害就必然接踵而来。请看：

> 次日之暮，严刑拷问诸君子。虽各辩对甚正，而堂官许显纯（按：魏忠贤的干儿子，其手下“五彪”之一）袖中已有成案，第据之直书具疏以进。是日诸君子各打四十棍，拶、敲一百，夹杠五十。
>
> 七月初四日比较（即审问、用刑），六君子从狱中出……一步一

忍痛声，甚酸楚。……用尺帛抹额，裳上脓血如染。

十三日比较……受杖诸君子，股肉俱腐。

十九日比较。杨、左、魏俱用全刑。杨公大号而无回声，左公声呦呦如小儿啼。

二十四日比较。刑毕……是夜三君子（按：杨涟、左光斗、魏大中）……俱死于锁头（按：狱卒之头）叶文仲之手。

二十八日，……周公（朝瑞）至大监，不半时许，遂毙郭贼之手。

限于篇幅，我们不便详细摘抄《诏狱惨言》中杨涟等所受的种种折磨，以及书内对诏狱中各种刑具的介绍。但仅从上述的节录中，我们也不难看出，在审问之前，审问官“袖中已有成案”，早已编造好假口供，审问完毕，便“具疏以进”，直接报给皇帝。堂堂国家大臣被任意诬陷、逼供、索款、拷打、暗杀，一个个都惨死于诏狱之中。

人们不禁要问，明代有完备的司法机关，即刑部、大理寺、都察院（简称三法司），在审讯杨涟等人的过程中，为什么不能过问？

这是因为，诏狱是由皇帝亲自操纵的特务机关——锦衣卫直接把持的，谁也奈何不得。凡是诏狱关押的人犯，三法司谁也不敢问津。惟其如此，诏狱比起一般监狱来，才显得更加暗无天日。

诏狱中的一件件冤案，“举朝莫不知其枉，而法司无敢雪其冤”（《祁彪佳集》卷1），“法官非胆力大于身者，未易平反也”（《万历野获编》卷21）。在诏狱中动辄被害死，固然是司空见惯，但谁想要活着出来，更是难于上青天。

万历年间，诏狱中不仅关了几百人，狱中“水火不入，疫疠之气充斥囹圄”（《明史》刑法志三），有些人竟然一关就是几十年。钱若赓在礼部任职期间，因在选妃时得罪了神宗皇帝朱翊钧，朱便想找个机会把他杀掉。后钱若赓出任临江知府，被诬为酷吏，由朱翊钧亲自下令，投入诏狱。钱若赓结果坐牢达37年之久，终不得释。

他的儿子钱敬忠成为进士后，连连上疏鸣冤，读来真是字字血泪："臣父下狱时，年未及四十，臣甫周一岁，未有所知。祖父祖母，年俱六十，见父就狱，两岁之中，相继断肠而死。……止余臣兄弟三人，俱断乳未几，相依圜土。父以刀俎残喘，实兼母师之事。父子四人，聚处粪溷之中，推燥就湿，把哺煦濡……臣父三十七年之中，……气血尽衰……浓血淋漓，四肢臃肿，疮毒满身，更患脚瘤，步立俱废。耳既无闻，目既无见，手不能运，足不能行，喉中尚稍有气，谓之未死，实与死一间耳！"（《鲒埼亭集》卷6）

幸亏钱敬忠上疏时，朱翊钧已经寿终正寝，明熹宗朱由校总算动了一点恻隐之心，把仅剩一口气的钱若赓释放，他才没有死在诏狱内。

本来封建时代所有的监狱都是人间地狱。但在明代，凡是偶有从诏狱中被转到刑部监狱中的犯人，对比之下，竟觉得刑部监狱简直就是天堂了。

明末瞿式耜就曾经写道："往者魏（忠贤）、崔（呈秀）之世，凡属凶网，即烦缇骑，一属缇骑，即下镇抚，魂飞汤火，惨毒难言，苟得一送法司，便不啻天堂之乐矣。"（《瞿忠宣公集》卷1）

显然，比起刑部监狱这座人间地狱来，诏狱的惨无人道，实在是第十八层地狱！

杨涟等人被魏忠贤之流阉党关进诏狱，受尽凌辱、酷刑，惨死狱中，不能不是个莫大的悲剧。特别是杨涟，他曾经上疏弹劾魏忠贤24条大罪，认为"寸磔忠贤，不足尽其辜"（《杨大洪先生文集》卷上），确实是个忧国忧民、嫉恶如仇的铁骨铮铮之士。但是，包括杨涟在内的"六君子"，无一不是封建社会的愚忠。杨涟在狱中写下的血书里，固然有"大笑大笑还大笑，刀砍东风，于我何有哉！"（《碧血录》第7页）以抒愤懑。但是，他在临死前写的《绝笔》中，仍然坚信，"涟死非皇上杀之，内外有杀之者。""雷霆雨露，莫非天恩……以身之生死，归之朝廷。"（《碧血录》第2—3页）

明孝宗（朱祐樘）弘治十八年（1505），李梦阳在诏狱中写下的“昔为霜下草，今为日中葵。稽首沐罔极，欲报难为词”（《空同诗集》卷6第4页），可以说写出了明代所有关在诏狱中的那些忠而获咎者的心声。杨涟辈对魏忠贤恨之入骨，但魏忠贤难道不正是假天启皇帝朱由校至高无上的皇权，才得以逞凶肆虐，作恶于诏狱之中，流毒于普天之下的吗？就此而论，杨涟至死还在叨念天恩，同样也不能不说是个莫大的悲剧。

《诏狱惨言》是一面历史的镜子。它从一个侧面照出了封建社会法外之法的可憎可怖，从而揭示了像《大明律》那样严密的法典以及三法司那样完备的司法机关，在皇帝特设的诏狱面前不过是一纸空文、形同摆设。它更是明代大肆膨胀、高度发展的皇权，在进一步强化封建专制主义过程中，充分暴露的腐朽、野蛮、残酷的一个缩影。听一听三百年前杨涟等人在诏狱中凄厉呼喊、悲痛呻吟的惨言，不无裨益。

薛宝钗与大锅饭

世界上有各种各样的巧妇，《红楼梦》里的薛宝钗能言善辩、知书达理，并能描龙绣风、吟诗填词，当然也是一位巧妇。但是，有的巧妇让人同情，譬如，烹调手艺高超但无米下锅，这就是人们经常感叹的“巧妇难为无米之炊”。而另一种巧妇，明明手中有米却乱煮大锅饭，这就令人生厌了，薛宝钗就是个典型。谓予不信，请看《红楼梦》第56回。

这一回的标题是：“敏探春兴利除宿弊，贤宝钗小惠全大体”。说的是贾探春在大观园里搞了一点小小的改革，学赖大家的样子，把花园里的竹林、稻田、瓜果、花草以及洒扫庭除，都包给指定的老妈子们。

这样做的目的，探春说：“一则园子有专定之人修理花木，自然一年好似一年了，也不用临时忙乱；二则也不致作践，白辜负了东西；三则老妈妈们也可借此小补，不枉成年家在园中辛苦；四则也可省了这些花儿匠、山子匠并打扫人等的工费：将此有余，以补不足。”

应当说，探春为此“兴利除宿弊”，“兴利”倒是次要的，因为大观园的花草、果蔬之类，尽管有可能投放市场，但那一点经济收入对贾府来说太微不足道了。改革的主要目的，是为了“除宿弊”，即除掉分工不明确、无积极性、效率低之类的老毛病。无怪乎李纨说：“好主意！……省钱事小，园子有人打扫，专司其职，又许他去卖钱，使之以权，动之以利，再无不尽职的了。”

诚然，贾探春决不会说出今天的加强责任制、按劳取酬一类的话，但是，她想打破“三个和尚没水吃”的古老格局，做到职责分明，提高“老妈妈们”的积极性，则是十分明确的。探春的改革，果然得到了大观园中有关劳动者的热烈拥护。有的说：“那片竹子单交给我，一年功夫，明年又是一片。除了家里吃的笋，一年还可交些钱粮。”有的说：“那一片稻地交给我，一年这些玩的大小雀鸟的粮食，不必动官中钱粮，我还可以交钱粮。”你看，他们的积极性一下子便调动起来了，真是热气腾腾。

但是，在这关键时刻，薛宝钗却抛出了她的分配方案，说“如今这园里几十个老妈妈们，若只给了这个，那剩的也必抱怨不公；我才说的他们只供给这个几样，也未免太宽裕了”，而那些“当差之人，关门闭户，起早睡晚，大雨大雪，姑娘们出入，抬轿子，撑船，拉冰床，一应粗重活计，都是他们的差使”，所以也应“沾带些利息”，不然他们会认为“你们（老妈子们）只顾了自己宽裕，不分与他们些”，便报复你们，“多摘你们几个果子，多掐几枝花儿”，让你们有冤没处诉……真是洋洋洒洒，好一派宏论！

这种“小惠全大体”的方案，似乎各式人等都照顾到了，人人皆大欢喜，但稍加分析，不对了！什么“他们只供给这个几样，也未免太宽裕了”，无非是怕承包稻田、竹林之类的老妈子们，多劳多得，富裕起来。至于要让那些既不种花也不锄草、既不插秧也不割稻的人，都“沾带些利息”，则更为荒谬。谬就谬在：煮了一锅大锅饭，不管三七二十一，每人一勺！当然，这种主张，并非薛宝钗的独创，本质上不过是传统儒学喝了几千年的“不患寡而患不均”的老调子的翻版而已。

曹雪芹生活在二百多年前，但他所描写的薛宝钗的平均主义论调，直到今天，我们仍不时可闻。例如，不论是工厂还是科研单位，有谁得了一项创造发明奖或者一大笔稿费，不是马上有领导指示要与全体共同分配吗？其理由，说来说去，不管如何振振有词，实际上都决不会超出薛宝钗那一套高谈阔论的范围。

时代变了，巧妇薛宝钗之类乱煮大锅饭者，可以休矣！薛宝钗那一套乱煮大锅饭有理的论调更应休矣！

不可能成功——论探春“改革”

探春在大观园中的改革，虽然如俗语所说，乃“小打小闹”，一不涉及贾府的财政大计，二不触及人事制度，仅仅局限于对大观园中树木花草、竹林稻田的管理，但是，改革的结果，确实很快就颇见成效。

请看事实：以往葡萄熟了，常被虫蛀，无人过问。自从包给老祝妈专管后，情况便大不相同。有一次袭人看到老祝妈在葡萄架下，“拿着掸子，在那里掸什么”，走过去一问，老祝妈说：“我在这里赶蜜蜂儿。今年三伏里雨水少，这果子树上都有虫子，把果子吃的疤瘢流星的，掉了好些了。姑娘还不知道呢：这马蜂是最可恶的，一嘟噜上，只咬破两三个儿，那破的水滴到好的上头，连这一嘟噜都是要烂的。姑娘，你瞧，咱们说话的空儿没赶，就落上许多了。”老祝妈对葡萄的管理，多么认真。她心里很清楚，承包之后，葡萄收成的好坏，直接关系到她的经济收入，所以对马蜂糟踏葡萄的情形，才观察得那样仔细。显然，她是在积极地动脑子，琢磨制服虫害。

过去，常有贾府仆人、老妈子的孩子溜进园中，不仅闹嚷，还掐花草。改革后，不同了。一次贾探春、史湘云在潇湘馆林黛玉住处，“忽听外面一个人嚷道：‘你这不成人的小蹄子！你是个什么东西，来这园子里头混搅！’”可怜多病而又多疑的林黛玉，以为是在骂她呢，气得“一手指着窗外，两眼反插上去”。众人大惊，开门出去一看，原来是一位“老婆子手中拿着拐棍，赶着一个不干不净的毛丫头”，说：“我是为照顾这园中的花果树木，来到这里，你作什么来了？等我家去，打你一个知道！”其实，这毛丫头是老婆子的外孙女儿，老婆子自参加承包花果树木后，连外孙女儿溜进大观园的后门，她也决心堵死了。

你想，这一来，大观园的管理责任分明，还担心谁来败坏花草果木？连贾宝玉也怀着对探春的敬畏之心，对林黛玉说：“你不知道呢：你病着时，她干了几件事，这园子也分了人管，如今多掐一根草也不能了。”

如此等等，都充分证明，大观园中的状况大为改善。

而最突出的一点，是劳动者的积极性被调动起来了，显得热气腾腾，其改革的经济成效，是不难预料的。

但是，好景不长。曾几何时，探春改革的一番苦心，便付之东流，大观园中激起的一阵进步浪花，又淹没在毫无生气的一潭死水之中。

随着贾府政治、经济的没落，特别是皇妃贾元春（当初大观园就是为她省亲而兴建的）的去世，以及改革的主持者贾探春远嫁而去，结果是人亡政废，人去园空，“园中出息一概全蠲，各房月例重新添起……那些看园的没有了想头，个个要离此处”，当日生机蓬勃的大观园，很快成了荒烟衰草、狐兔出没，一派凄凉景象。连贾政的一个门客，也很不以为然地对贾政说：“那一座大园子…… 这里头的出息也不少，又不派人管了。”其实，即使再派人管，仍不过是按老规矩办事，大观园依然是一片死气沉沉。

感谢曹雪芹、高鹗两位大手笔，为我们十分形象地勾画出探春改革的兴亡史。透过大观园的窗口，使我们看到了封建社会大大小小改革家们的缩影。从王安石到张居正，所有的改革家都失败了。他们的改革，没有也不可能对封建制度从根本上动任何手术，因此也就没有也不可能越出封建改良主义的雷池一步。这一点，从本质上说，难道不正是同探春在大观园中的改革如出一辙吗？张居正死后，改革全部被废除，这与探春离开贾府，大观园的改革即偃旗息鼓，不是颇为相似吗？

人在改革兴，人亡改革废，改革的命运完全系于改革者及其支持者个别人身上，这种历史教训，贯穿于中国古代改革史的始终，是值得人们注意的。

俱往矣。在没落的大观园中，迎春春未至，探春春无踪。进入末世的封建社会，早已“流水落花春去也”，一步步走向灭亡。

今天，也只有今天，我们的前无古人的社会主义改革，才能使神州春满园，春常在。对比之下，贾探春辈的区区改革，又何足道哉！

实乃抄袭——“边调曲儿”辨

新中国成立后，在一些文史著述中，都引用了清初艾纳（亦作衲）居士编《豆棚闲话》中的“边调曲儿”。20世纪60年代，有的著述依据这支小曲第一句是“老天爷”，便干脆将此曲改名为“老天爷”。在50年代，对这支小曲感兴趣的是民间文学工作者，视此小曲为民谣；而至60年代，某些史学工作者，将此曲引进农民战争史领域，以之作为论证明末农民革命思想的重要资料。在“四人帮”独霸文坛、大搞影射史学之际，这首所谓的“老天爷”，突然顶上射出万道毫光，使人头晕目眩起来。有的说这是明末农民军反孔的铁证，有的说这是革命农民批判天命论的唯物主义思想的表现。如此等等，不一而足。直至“四人帮”覆灭后，仍有同志著文盛誉此曲反映了农民所谓“塌天改世”的“哲学思想”。这不禁使人想起明人王磐所作《朝天子·咏喇叭》中的两句：“曲儿小，腔儿大！”

“边调曲儿”果真是如此灿烂的农民歌谣吗？否。

让我们首先从艾纳居士的《豆棚闲话》本身说起。此书最流行的本子，是施蛰存在20世纪30年代主编的《中国文学珍本丛书》（《豆棚闲话》列于该丛书第1辑，第13种，1935年初版），以及清末的石印本。我所见到最早的本子，是国家图书馆藏乾隆六十年三德堂的刊本，首有“天空啸鹤漫题”。其次是嘉庆三年宝宁堂刊本，删去了“天空啸鹤”的序言。

上述两种本子，均在“圣水艾衲居士原本”之后，署有“吴门百懒道人重订”。但是，至《中国文学珍本丛书》据以排印的“瀚海楼”本，“吴门百懒道人重订”改成了“鸳湖紫髯狂客评”。

是否还有更早的版本？待考。

关于作者艾纳居士的生平，遍考而不可得。从“天空啸鹤”的序文以及文中和书末的评论看来，作者是个失意的塾师，落拓不羁，举止佯狂，是明清间常见的江南才子型的人物。他是哪里人？不能确知。圣水，今河北真定、山西绛县、安徽寿县等处（《嘉庆重修一统志》卷27、卷55；《绛县志》卷12；《寿春县志》卷1）都有这种地名，也许艾纳居士的祖籍，是上述地区中的某处。

值得注意的是，《豆棚闲话》在“叙起首原意”中有谓：“艾衲云：吾乡先辈诗人徐菊潭，有《豆棚吟》一册……余不嗜作诗，乃检遗事可堪解颐者，偶列数则，以补豆棚之意。仍以菊潭诗一首弁之。诗曰：闲看西边一草堂，热天无地可乘凉。池塘六月由来浅，林木三年未得长。栽得豆苗堪作荫，胜于亭榭反生香。晚风约有溪南叟，剧对蝉声话夕阳。”

此诗与元末高僧钱塘人德祥（字止菴）在明初写的《夏日西园》诗大同小异（郎瑛：《七修类稿》卷下《二僧诗累》），如徐菊潭即止菴，那么，作为他的同乡后辈艾衲居士，即为钱塘人。这点还有待进一步考证。

艾纳，香名，据说，“出西域，似细艾。又松附皮上绿衣亦名艾纳，以之和合诸香焚之，能聚其烟，青白不散。亦奸人假以为仙者，皆以二物给人。”（郎瑛：《七修类稿》卷下《伪墨艾纳》。）

清代江南文人，每每用艾纳作别号或室名，如华亭王九龄的书室称“艾纳山房”，丹徒张九征的书室称“艾纳亭”，无非是高标出俗，故弄玄虚。

从《豆棚闲话》的第十则故事“虎丘山贾清客联盟”看来，作者对苏州的世俗人情是那样了如指掌，行文中每用苏、常一带的土白“那亨”（即“怎么？”“做啥？”之意）、“勿是”（即不是）等看来，更可证艾纳居士是江南人。

其人生卒年不可考，从全书行文看来，当为康、乾之际的人。

至于吴门，即今江苏吴县的别称，“百懒道人”，不知谁何。鸳湖，即今嘉兴的别称，盖从鸳鸯湖而来（《嘉兴府志》卷12），清代康熙五十五年，即在嘉兴城内建有“鸳湖书院”（《大清一统志》卷102），足可资证。但“紫髯狂客”是谁？失考。

《豆棚闲话》，编有故事十二则，从介子推说到清初，有的是历史故事的铺陈，有的是耳食余闻的恣情扩大，有的是信口开河，纯属杜撰。从内容看，颇为芜杂，荒诞不经语，随处可见。对于明末农民大起义，更是百般诋毁，语极刻毒。

明乎此，就让我们来看一看“边调曲儿”究竟是什么货色吧。

为了使读者便于看清这支曲子的来龙去脉，有必要将此曲的前后文，一并引述如下：

如今豆棚下，连日说的，都是太平无事的闲话，却见世界承平久了，那些后生小子，却不晓得乱离兵火之苦，今日还请前日说书的老者来，要他将当日受那乱离苦楚，从头说一遍，也令这些后生小子手里练习些技艺，……万一时年不熟，转到荒乱时，也还有些巴拦，有些担架。众人道："有理有理，我们就去请那老者。"

……老者道："若说起当初光景，你们却吓杀也！……换了崇祯皇帝，他的命运越发比天启更低，……兼之赋性悭啬，就有那不谙世务的科官，只图逢迎上意，奏了一本，把天下驿递夫马钱粮，尽行裁革，使那些游手无赖之徒，绝了衣食，俱结党成群，为起盗来。……国运将促，用了一个袁崇焕，使他经略辽东，先在朝廷前夸口，……后来收局不来，定计先把东江毛帅杀了，留下千余原往陕西去买马的兵丁，闻得杀了主帅之信，无所依归，就在中途变乱起来；四下饥民，云从雾集，成了莫大之势，或东或西，没有定止，叫名流贼。在先也还有几个头脑假仁仗义，骗着愚民；后来所到之处，势如破竹，关中山右，地土辽阔，各府州县，既无兵马防守，又无山险可据，失了城池村镇，抢了牛马头畜，不论情轻情重，朝廷发下厂卫，缇骑捉去，就按律拟了重辟，决不待时。那些守土之官，权衡利害，不得不从了流贼，做个头目，快活几时。即使有那官兵到来，干得甚事？那时偶然路上行走，却听得一人倡（唱）着一只边调曲儿，也就晓得天下万民嗟怨，如毁如焚，恨不得就要天翻地覆，方遂那百姓的心愿哩！他歌道：'老天爷，你年纪大，耳又聋来眼又花。你看不见人，听不见话。杀人放火的享着荣华，吃素看经的活活饿杀。老天爷，你不会做天，你塌了罢！老天爷，你不会做天，你塌了罢！'"（《豆棚闲话》卷11，三德堂刊本）

细读全文，我们不难看出：

一、艾纳居士在这则故事中，明明借说故事的"老者"之口，编造了“那时偶然路上行走，却听得一人唱着一只边调曲儿”的情节，我们岂能信以为真，将此“人”唱的这支“边调曲儿”，当做可靠的史料引用?

二、艾纳居士在行文中，明明是敌视农民军的，对那些“从了流贼（作者对“流贼”来源的说法，无异痴人说梦，姑且不论），做个头目，快活几时”的“守土之官”，感到不胜愤愤然，这是我们理解“边调曲儿”的前提。

三、因此，“杀人放火的享着荣华，吃素看经的活活饿杀”，绝不是对封建统治阶级的批判，为农民鸣不平（事实上，农民终日劳苦，有几个在“吃素看经”？倒是地主阶级强盗装正经，一面吮吸农民膏髓，一面“吃素看经”）；恰恰相反，这是对“杀人放火”，亦即运用革命暴力捣毁地主阶级天堂的农民军的诅咒，为被农民军踩在脚下的那些假仁假义的地主阶级喊冤叫屈。

试想，如果把“边调曲儿”视为明末农民的革命歌谣，那么，“杀人放火的享着荣华”这一句，岂不是成了农民军自己骂自己？须知，造反的农民是从不讳言自己“风高放火，月黑杀人”的。《水浒》中的阮小二、阮小七曾公开宣称：“老爷弟兄三个，从来爱杀人放火！”（《水浒》上册，第211页。人民文学出版社1973年版。）因此，“边调曲儿”不但不是明末农民的所谓革命歌谣，而是一首攻击、咒骂明末农民革命风暴的小曲。

也许有人会责难说：这支曲子高唱“老天爷，你不会做天，你塌了罢！”如此骂天，除了革命农民，又有谁敢？答曰：不见得。是的，在中国封建社会中，自汉代董仲舒大肆鼓吹“天人合一”、君权神授以后，历代皇帝都以天的化身、天的意志的执行者自居。但是，在中国封建社会中，始终没有形成统一的宗教，或儒、佛、道三家合流，或三家尊其一。虽然儒学势力最大，支配的时间最久，但孔子毕竟没有成为通天教主，封建地主阶级的政权，更是政、教分离的。因此，在老百姓的心目中，至高无上、神圣不可侵犯的君权，与虚无、遥远的苍天，毕竟还没有完全画上等号。这一点，反映在每一个封建王朝的末期，随着社会矛盾的尖锐化，一些在野的愤世嫉俗的地主阶级文人，在捶胸顿足之余，常常骂天骂地，以泄心中的块垒。

元曲中不乏这样的作品。明末文人的诗文中，也不难找到这样的实例。如，崇祯年间杭州文人周清原（别署济川子）在其所著平话小说中，就赤裸裸地骂道："苍天眼睛！"但通观全书，正如阿英所说，"此书写作，其主要目的，在攻击当时政治的窳败，发泄自己不遇的悲愤，扩大封建道德影响，如斯而已。"（《西湖二集》卷1，"吴越王再世索江山"。）

显然，我们不会因为周清原骂了老天爷，就在他的思想上冠以革命二字，甚至给他戴上"哲学"博士的高帽。如果再据此誉为农民的革命思想，就更属荒谬绝伦了。

那么，"边调曲儿"，又是谁作的呢？

我认为，正是艾纳道人自己。《豆棚闲话》书末的"总评"中，有谓："艾纳道人，胸藏万卷，……下笔不休，拈义即透，凡诗集、传奇，剞劂而脍炙天下者，亦无数矣。"可见此公是长于写诗的。就此书中的若干诗看来，也确实证明他是颇有诗才的。但是，就"边调曲儿"而言，也算不得什么惊天动地之作。

实际上，正是艾纳道人将元人著名杂剧《感天动地窦娥冤》中的一支曲子，改头换面写成的。现将此曲抄录如下：

> [滚绣球]有日月朝暮悬，有鬼神掌著生死权，天地也，只合把清浊分辨，可怎生糊突了盗跖颜渊：为善的受贫穷更命短，造恶的享富贵又寿延。天地也，做得个怕硬欺软，却原来也这般顺水推船。地也，你不分好歹何为地！天也，你错勘贤愚枉做天！哎，只落得两泪涟涟。（《元人杂剧选》，人民文学出版社1978年版）

我想，只要将“滚绣球”和“边调曲儿”稍作比较，是不难看清两者之间的传承关系的。

李岩·《西江月》·《商雒杂忆》

姚雪垠同志是大家熟悉的老作家。尽管我和其他同志一样，感觉他的长篇历史小说《李自成》有把古人现代化（诸如李自成太成熟、高夫人太高、红娘子太红、老神仙太神之类）的倾向，但每当想到这是新中国成立后第一部描写明末农民战争的历史小说，总感到姚雪垠同志的努力是可贵的。不过，最近读了他在《文汇月刊》发表的长文《评〈甲申三百年祭〉》，则感到大部分难以苟同。

姚雪垠同志把郭老的《甲申三百年祭》说得一钱不值，斥为“代表一种不严肃的学风”“黯然无光的著作”“反科学的历史著作”，断言必须“推倒”；而且只有这样做，才“是对祖国历史负责，对全国读书界负责，对千百万中学生负责”。《甲申三百年祭》果真被姚雪垠同志推倒了吗？我看根本没有。

姚雪垠同志花了那么多的笔墨，在《甲申三百年祭》中抓问题，大力抨击，但归结起来，实际上只有两大类：一是史学界迄无定论，至今还在争论中的问题，姚雪垠同志执其一说，便将郭老的论点一笔勾销，并大加挞伐；二是郭老囿于抗战期间的治史条件（史学界对明末农民战争史的研究成果，微不足道，难以借鉴，且搜罗史籍不便），以及他的学术专长本来就不在明史领域，因此述及某些史实确有失误之处。对这两类问题略加分析，我认为不仅想“推倒”《甲申三百年祭》是劳而无功，而且对郭老的评价也是很不公正的。

关于第一类问题，不妨以李岩为例。

究竟有无李岩其人？早在清朝前期，就有人提出怀疑。1978年，北京师范大学历史系顾诚同志在《历史研究》第5期发表《李岩质疑》一文，广搜史籍，钩沉抉微，极力主张历史上并无李岩其人。毋庸讳言，我是倾向于顾诚同志的看法的。但这决不等于说，顾诚同志的结论就是李岩问题的终极真理，凡是认为历史上有李岩其人的人，就要如姚雪垠同志指责的，是什么"沿袭荒唐谬说""不严肃"。不，李岩问题是还会争论下去的。

目前，专治明史的同志，看法很不一致，在有关著述中，有的继续认定确有李岩其人，有的赞同并无李岩其人，各执一说。我以为这是很正常的。事实上，主张无李岩说的同志，要把明清之际关于李岩的大量记载，逐条辨明来龙去脉，予以勾销，还要作出艰苦的努力。

譬如说，我看就难以勾销这条记载：周同谷，字翰西，号鹤臞。诸生，曾充史可法幕僚。明亡，流寓昆山，著有《同谷集》《霜猨集》等书。《霜猨集》载诗八十余首，并作注、咏、述崇祯一朝时事，可供史家引证者不少。其中一诗谓："膏沐无施有泪悬，去朝王母冠群仙，清河当日为予说，可作千秋信史传。"诗中说的是什么？周同谷注道："懿安后自尽，悬绝于地，伪将军李岩知为后，戒其党勿得犯，欲送还太康伯家，后从容自经死。……张孟坚从贼入宫，亲见后死，曾为予言之，足证野史之失。"

这里，周同谷记下了曾亲眼目睹李岩救懿安皇后的张孟坚的口述，因此他才这样重视，认为"可作千秋信史传"。就周同谷来说，他对明末农民军是仇视的，记下这条史料，倒并非是要让李岩留芳千秋，而是懿安皇后张氏的结局，由于天启皇帝的贵妃任氏在明亡后曾冒充懿安皇后，招摇撞骗致使讹言四起，误传懿安皇后征李自成军进宫后，没有自缢死，甚至已投降了，遂成一大疑案，而张孟坚的目击所语，"足证野史之失"。

应当指出，周同谷是个严肃的文人，《霜猨集》记崇祯朝史事皆有所据，绝大部分都有比较高的史料价值。惟其如此，前辈明史学者孟森先生曾特作《霜猨集校订补注》一书（由商务印书馆出版，惜印本较少，流传不广）。

判断张孟坚述李岩事是否可信的关键之一，是在于懿安皇后在李自成军进宫后是否确实自缢于宫中，因为如果失掉这个前提，李岩“戒其党勿得犯”之说，便是胡扯。顺治时，贺宿作《懿安事略》谓：“顺治庚子（1660），余至燕，遇旧时内侍王永寿，曾管事宫中。余乃问张后陷贼乎？王奄叹曰：伤哉，此言也！……崇祯甲申，李贼入京师，宫中鼎沸，宫闻变自缢，永寿已目睹其死。”

这里，又清清楚楚地记录了太监王永寿的目击记，张后的确“闻变自缢”而死，清初文人对王永寿之说相当重视，龚鼎孳、纪昀为张后所作事略、传记，以及毛奇龄作《彤史拾遗记》，都采入以存真。吴伟业撰《绥寇纪略》时，显然经过推敲，也将王永寿语特地编入《补遗》中，载谓：“懿安后自缢而未绝，伪将军李岩，河南人，知为后，禁其下勿侵犯。”

当然，细察张孟坚、王永寿语的全文，也微有不同，如翻检谈迁《国榷》《北游录》、顾炎武《昌平山水记》等史籍，说法更又大不一样。但是，正如孟森先生在《霜猨集校订补注》中所作结论那样，“要之清廷能得其尸（张后）而为之合葬于德陵（明熹宗即天启皇帝之陵），则必自有根据矣（按：葬张后事见王先谦《东华录》顺治元年五月己酉条，及《清史稿·世祖纪》）。”

总而言之，从《霜猨集》看来，清初各种史籍中关于李岩的记载，还很不少，不能一概目为因袭《定鼎奇闻》之类反动小说的胡诌。这类记载，对主张无李岩其人说的同志不利，真相究竟如何，还需要进一步研究。

不言而喻，对李岩问题，史学界还远远没有取得一致结论。姚雪垠同志因为自己否定有李岩其人，便痛斥说有李岩的郭老“沿袭荒唐谬说，且加宣扬……恐怕不能算是史学家应有的严肃态度”。这是无法服人的。

顺便提一下，姚雪垠同志过去也是深信有李岩其人的。如1974年3月就说过，“我认为李岩确有其人，但身世籍贯有疑问”（《关于长篇小说（李自成）》第98页）。直到1977年5月，他在为《李自成》写的再版前言中，仍然说，“大顺军中确有李信（按：李信即李岩）这个人”（《李自成》第1卷，上册，第24页）。只是在1978年以后，他才否定有李岩的存在。

我们认为，随着史学界研究的深入，否定自己过去的某些学术观点，是完全可以的。我们不应该据此指责姚雪垠同志在1978年以前说有李岩就是“沿袭荒唐谬说”，或者说，“为什么不多找一些资料看看？”但是基于同样的理由，我们又怎么能够对三十多年前郭老在《甲申三百年祭》中写了李岩而作出这样的责难呢？

关于第二类问题，即《甲申三百年祭》中确实有某些史实失误，姚雪垠同志加以订正，当然是有必要的。但在对《甲申三百年祭》作总体评价时，该如何权衡这些失误？我以为，连姚雪垠同志也表示敬重的明史专家谢国桢先生，在《增订晚明史籍考》中评价《甲申三百年祭》的一段话，是发人深思的：“或者有人谓作者对于史事颇有所疏……此可谓但见其枝节，而未能窥其全体，读史者主要当提出关键性之问题，若追求于一隅，或苛责于末节，此可谓未识其大者也。”这是公允之论。而纵观姚文，他对郭老的评价，正是丢掉“全体”“苛责于末节”，是很不公道的。

尽人皆知，《李自成》是历史小说，创作时当然主要是用艺术想象虚构，但也必须符合历史真实，如援引史料就应注意史实的准确性。同样尽人皆知的是，姚雪垠同志是作家，而不是史学家。因此，他在引用史料以及为小说作历史注脚时，也难免有一些失误。

聊举一例。谈迁《北游录·纪闻上·榜购一词》条载谓：“总督（应为督师）杨文岳（“文岳”是“文弱”之误）（嗣昌）出师榜缉剧贼张献忠，画二人头，书《西江月》词一首，曰：‘此是谷城叛贼，而今狗命垂亡。兴安平利走四方，四下天兵赶上。逃去改名换姓，单身黑衣逃藏。军民人等绑来降，玉带锦衣升赏。’此词遍粘通衢，可笑甚矣。”而姚雪垠同志在《李自成》第1卷上册第71页引此词时，却说是“陕西巡抚孙传庭的告示”，真可谓南辕北辙，而且把这首《西江月》写成“此是李闯逆贼，而今狗命垂亡。……撒下天罗地网，量他无处逃藏。军民人等绑来降，玉帝锦衣升赏”。显然，姚雪垠同志已将这首《西江月》改编了。但这一改，问题就来了。不仅改成“此是李闯逆贼”毫无根据，将“玉带锦衣升赏”改成“玉帝锦衣升赏”更欠稳妥，因为当时“军民人等”如果看了布告，说拼了命把“李闯逆贼”抓来后，可以到天上的玉皇大帝那儿去领赏，有谁还相信而愿意卖命？如果说，这“帝”“带”一字之差，是“手民之误”的话，我们希望再版时能改过来，而不要让它一误再误。

不妨再举一例。无论是清初以及当代否定历史上有李岩其人存在的人，一个共同的重要论点，是说李岩是清初小说《定鼎奇闻》《樵史通俗演义》等编造出来，然后又混入史籍搞乱了历史真相。姚雪垠同志在《评〈甲申三百年祭〉》中，从《开封府志》转引康熙《杞县志》原载的《李公子辨》，力证杞县无李岩其人。但是，正是这篇《李公子辨》指责“《樵史》诬伪多端，莫可枚举”，并说“或谓书乃一卖国大老雇人代作。果尔，则欲掩滔天，不惜吊诡”。

对此，姚雪垠同志抄录后未置一词。可是，这种对《樵史》的指责以及对该书著者的臆测都是不符合实际的。事实上，《樵史》的全称为《樵史通俗演义》，计40回。1937年北京大学史料室曾据马隅卿先生旧藏清初刊本翻印，但因为旋即战火纷飞，书多散失，流传甚少。这本书的著者，前辈史学家孟森先生在为重印本所撰的序文《书樵史通俗演义》中，以及谢国桢先生在《晚明史籍考》中，均未能考出。

查《江南通志》卷292“艺文志”，第17页载谓：“《樵史》：华亭陆应旸。”光绪《青浦县志》卷27，“艺文”，第八页也载谓：“《樵史》，四卷，陆应旸著。”所言甚明。陆应旸的生平，见于《青浦县志》卷19，“文苑传”，第15—16页。文谓：“陆应阳（旸）字伯生，郊子也。少补县学生，已而被斥，绝意仕进。……王世贞好以名笼络后进，常誉应阳。应阳不往，时论益以为高。万历时修复孔宅，应阳之力居多。卒年八十有六。应阳作诗，喜用鸿雁字，人呼为陆鸿雁。”证之以《樵史》，书写到南明弘光小朝廷覆亡为止，没有写唐、桂二王，正如孟森先生所说，《樵史》“或者成书在南都甫下之后”。由此推定，陆应旸盖卒于顺治初年，生年当在明世宗三十八年左右，一生经历八朝（包括弘光在内），实亦史所罕见。

应旸在《樵史》序中有谓：“望旧都兮迢迢，思贤人兮焦焦。”明遗民之心情，溢于言表。书中叙述李自成事迹时，曾批评《剿寇小说》《新世弘勋》（即《定鼎奇闻》），指出皆不足据。孟森先生说此书“为明遗（民）写实之作，而托体于通俗以自晦者也。笔墨甚高而故作俚语”。所言甚是。由此不难看出，《李公子辨》指责《樵史》“诬伪多端，莫可枚举”，甚至怀疑此书“乃一卖国大老雇人代作”，是站不住脚的。

《樵史》第二十九回，是“李公子投闯逃祸，杨督师失机殒生”，述及李岩造反事迹。到底有无李岩？当然可以继续研究、争鸣。但不能将史料价值较高的《樵史》与小说《新世弘勋》简单等同，《樵史》中既述及李岩，就需要我们认真加以研究。而姚雪垠同志引《李公子辨》时，抄完了事，因袭清初人的旧说，未必妥当。

当然，姚雪垠同志的这些失误不过是枝微末节，即使把《李自成》和他近几年写的几篇历史论文中种种失误全部搜集起来，也绝不能由此立论，把姚雪垠同志说得一钱不值，甚至要将他的著作“推倒”。可是，为什么姚雪垠同志批评郭老时，却这样做呢？

姚雪垠同志声称只有“推倒”《甲申三百年祭》，才“是对祖国历史负责，对全国读书界负责，对千百万中学生负责”。姑且不论这些话对郭老来说是完全不切实际的。值得注意的是他的言下之意，起码是自认为对历史、读书界、中学生一向是很负责的。我看也不见得，且举一例。

他在《李自成》第1卷上册第319页写道：“几年之后，他（指李自成）还是念念不忘在商洛山中的一段生活，曾于战争之暇写过《商雒杂忆》七绝十二首和七古一首。可惜大顺军失败之后，……不但这十二首七绝不再存留于天地之间，连那首七古也被埋没了三百多年，最近才有人因偶然的机会发表半首，余下的一半也将永难找到了。……现在抄在下边……‘收拾残破费经营，暂驻商雒苦练兵。月夜贪看击剑晚，星晨风送马蹄轻’。”真是活龙活现！

小说家言，波谲云诡，我们除对雪垠同志的艺术匠心深感钦佩外，本来无可指责。但是，这首诗却糊弄了不少人。1974年，中华书局出版了一本并非研究明史的青年写的小册子《李自成起义》（当时，史学园地群芳凋谢，《李自成起义》在书店十分显眼，姚雪垠同志应该是能看到的），竟将这首《商雒杂忆》当做史料引用，此门一开，某些史学论著遂竞相效尤，将此诗视为李自成的珍贵史料而纷纷引用，先后达十一种之多。

其实，这首诗的作者不是李自成，而是写《李自成》的姚雪垠同志自己。既然这首诗已在史学界特别是包括中学生在内的读书界引起误解，造成紊乱，姚雪垠同志为什么不吭一声呢？

明清史料，浩如烟海。明清之际史事，纷繁复杂，史书之间，互相牴牾处极多，即使大家公认的已故明清史大家孟森先生，在他的著作中，撇开学术观点不谈，在史料的引用、诠释上，也并不乏失误之处。“智者千虑，必有一失。”这是难免的，也是可以理解的；任何人都有他的局限性。“学如积薪，后来居上”，随着研究的深入、认识的深化，对前人包括学术大师在内的著作中的论点以及所引史料中的谬误提出批评，当然是可以的，也是应该的。但是批评的态度应该是严肃认真的，最要紧的必须实事求是。苛责前贤是不对的。

对于像《甲申三百年祭》这样一部在中国革命过程中起过重大影响，今天还有现实意义的史学名著，更应该仔细区分其主流与枝节，如果因某些学术见解不同，以及抓到了某些史实的失误就要将全书“推倒”，这就未免是见小眚而掩大德了，也就很难说是实事求是的。未知姚雪垠同志以为然否？

别具一格——评《中国思想发展史》

我们伟大的祖国，历史悠久，几千年来，积下了丰富的思想资料。深入研究中国思想史，揭示从古代到近代中国思想发展的源流，阐明其规律，不仅具有重要的学术意义，而且很有现实意义。新中国成立以来，史学界对中国思想史的研究，是比较活跃的，出现了不少论著，成果喜人。但是，有的著作卷帙浩繁，文字艰涩，一般读者难以卒读；有的著作号称是思想史或哲学史，实际上所论述的多半是政治史，充其量也不过是中国政治思想史，内容狭窄。至于“四人帮”独霸文坛时期出版的某些思想史著述，以所谓“儒法斗争”为纲，把中国思想史歪曲得面目全非，起了欺世惑民的恶劣作用。显然，出版一部既富有学术性又简明流畅，使专业史学工作者和业余爱好者能够雅俗共赏的中国思想发展史，是广大读者所迫切需要的。

最近，读了中国社会科学院历史研究所何兆武、步近智、唐宇元、孙开太四位同志合著、中国青年出版社（责任编辑孟庆远）出版的《中国思想发展史》，感到这本书的作者与编辑，为满足上述广大读者的需要，作了十分可贵的努力。《中国思想发展史》无愧是我国思想史研究领域的新收获，值得一读。

本书的特色是很显著的：

一、本书虽然只有31万字，但内容却包括四编24章，从先秦一直论述到近代；不仅探讨了哲学、政治思想，还对经济、自然科学、史学、文学以及农民革命思想，作了系统简要的论述。以第一编第四章为例，该章的标题是《先秦时期的经济、科学、史学和文学思想》。读者不难看出，在通常所见的思想史专著中，很少有这样全面论述的。而就其中《先秦时期的科学思想》一节而论，作者介绍了夏代至战国时期的历法，并指出我国历法的某些方面，以及与历法发展相辅而行的天文观测、数学等，在当时都已取得了了不起的成就，甚至在一些领域，居于同一时期的世界领先地位，从一个侧面，反映了先秦时期我国科学思想的光芒，与当时希腊的科学思想，东西颉颃，交相辉映。同时，作者还分别论述了先秦时期的“盖天说”与“地圆说”、时间与空间观念、医学思想，这就为我们对先秦时期的科学思想的发展，画出了一个比较全面、扼要的轮廓。我们认为，这是很有必要的。掩卷遐想，不难自问：早在两千年前，我们的祖先科学思想就那样活跃，取得了那么多的重要成果，我们，生活在两千年后今天的炎黄子孙，如果不把科学技术搞上去，赶上当今世界科技发展一日千里的步伐，岂不是愧对两千年前胼手胝足创造出种种科学成就的先民吗？

二、任何一部有分量的史学专著，都是既反映了史学界的研究成果，同时——也是更重要的方面——必须提出作者新的研究成果。多年以来，《中国思想发展史》的作者们对中国思想史作了刻苦的研究和探索。在本书中，他们既概括了史学界在思想史研究方面的成果，同时，也提出了不少新的见解，使人耳目一新。让我们随便举几个例子吧。在通行的思想史著述中，论及先秦诸子百家时，往往囿于“百家争鸣”的“争”，强调各家之间的对立、斗争，描述他们之间的水火关系。而本书指出：“他们的观点互相对立，进行激烈的辩难。但这只是‘百家争鸣’的一个方面。同时，它还有另一个方面，即各家之间互相影响、渗透和转化……往往是相灭又相生，相反又相成。他们在学术发展过程中，往往互相补充。”（第105页）从而阐明各家之间有兼容的一面，孕育了以后儒法合流的局面。又如，在《唐末五代时期的进步思想》一节中，作者探索了皮日休的无神论和社会政治思想，指出皮日休“对封建统治阶级，甚至最高统治者的皇帝提出，如果不顾‘民心’‘民命’，君主‘不为尧舜之行者’，人民即使把他掐死乃至灭族，也不算过分”。这种论点，是难能可贵的。在这一节中，作者还探讨了无能子的自然观和无君论。皮日休是文学家，过去学者们只注意他在诗歌方面的成就，以及考证他和黄巢农民军的关系。现在，本书作者研究了他的朴素唯物论和对君权的批判，这就给思想史研究领域开辟了新的课题。对无能子的研究，同样也是新颖的。对于王安石，史学界的评价向来是比较高的。“四人帮”的御用工具梁效、罗思鼎，更给他戴上法家的桂冠。本文作者认为，从思想史上来说，王安石“提不出什么新颖的思想”，他的经济思想只是“折衷前人的思想，惟求处置得当”，“来延缓封建统治。”他的思想的某些方面，如以均赋为内容的均田思想，甚至比前人的思想有所退步。作者在分析了王安石变法的背景后，还指出，这场改革并不具有阶级斗争和儒法斗争的意义（第15章第2节）。这些见解，别树一帜，对活跃学术空气，进一步研究王安石，无疑是有益的。又如，作者在《沈括的自然科学成就和他的科学思想》一节中，着重分析了沈括的历史地位，并不在于他提出什么发明创造（事实上，不少发明创造前人已经提出了），而在于他变革科学思想方法，把先秦以来分别得到发展的科学，加以综合分析，从而对自然界有可能作综合的、整体的观察。这种方法、眼光，是前无古人的。作者对沈括科学思想的分析，比起一般有关著述，无疑是深化了一步。再举一例，我国对文学史的研究，成果累累。但从现有著作来看，对于不同时期不同作家的文学思想，还是研究得不够的。几部流行的文学史著作，没有一部是历史学家写的。专业史学工作者，特别是研究中国通史各个断代的有成就的历史学家，很少有人研究各个断代的文学史，也许在他们看来，研究文学史是文学家以及文学史专家的事，而不是历史学家的职责。《中国思想发展史》的作者们，打破了某些历史学家的常规，把分析各个时期的文学思想，作为本书的组成部分。他们从文与道，即形式与内容的关系上，抓住“道”即思想内容，加以考察，特别是放在思想史的范围内进行分析，从而使文学思想成为思想史研究的有机组成部分。作者在《宋元的文学思想》这一节，开头即指出：“文学尽管有它的特定的对象和多样的形式，但就它的思想内容来说，则与政治、哲学等思想是互相关联的，在它们之间，也往往是互为并发、互相映照，构成为思想史的内容之一。”（第425页）读来别开生面。而在本书的最后一节《近代的文学思想》中，作者则明确指出，“当历史转入一个巨大的变革时代，近代意识的觉醒必然要在文学思想上表现出来。”（第600页）并具体指出，从龚自珍到梁启超一系列的新文风，实质上是表达他们要求变革的思想工具。这种分析，很有历史感，比起某些把文学思想从特定的历史背景上游离出来，从而论述苍白无力的文学史著作，不能不是一大进步。

三、史学专著，如何才能写得简明扼要，通俗易懂，扩大读者面？这是一个往往使专业史学工作者感到为难的问题。写得过于通俗，且不论有人会斥之为“非学术”“不入流”，即使普通读者，也往往会视为太浅，不能知其所以然。因此，不管是简明通史或者是简明政治史、经济史、思想史、文化史、农民战争史等，写作时往往比写一部学术性很强，无需顾及读者面广狭的专著，甚至更难。《中国思想发展史》，从总体来看，结构严谨、匀称，言必有据，见解从深入研究史料中得出，无空疏陋习，既概括了前辈史学家、同辈史学工作者的研究成果，又提供了若干作者自己研究的新成果，这无疑是一部学术专著。但是，全书却又写得简明扼要，通俗易懂，这就扩大了读者面。作者对专著内容与通俗关系的这种大胆尝试，并为此付出的艰苦劳动，理应受到充分的肯定。

当然，本书不是、也不可能是完美无缺的。某些章节中对思想各个侧面的剖析，似乎平分秋色，未能突出主要面；近代思想的论述，有些地方失之过简，读来如走马看花；对某些人物的思想分析，缺乏一分为二，估价偏高，如对方以智的《物理小识》的评价，未能指出因为方以智是从传统的儒学营垒中出来，开始接受西方先进科学思想的过渡期的人物。他既有新的思想，也还背着陈腐的历史包袱，因此反映在《物理小识》中，仍然有不少荒诞的、迷信的不经之谈；个别历史概念表述得也不够精确；作者四人，各编文风不尽一致，以及有些地方，语言拖沓，不够精炼；可能是考虑到节省篇幅，史料来源注释较少，这一切对于业余史学工作者，会带来不便。此外，书中还有错别字存在，等等。我们希望，作者在再版时，能够精心修改一次，使本书百尺竿头，再进一步。

（《学术月刊》1981年第10期。1981年10月20日出版，上海。）

没有光明的黑暗王国——说《卖油郎》

《卖油郎独占花魁》，见于《醒世恒言》第三卷，以后又编入《今古奇观》，是个流传很广的故事。

一篇明人小说，能够具有如此长久的社会影响，在《三言两拍》中，并不是很多见的。原因究竟何在？这是值得深思的。一部好的文学作品，总是社会生活的一面镜子。那么，这篇《卖油郎独占花魁》，又反映了社会生活的哪一个侧面或画面呢？最近，我又将这篇小说认真读了一遍，并找来一些有关的参考资料。看来，有关论著都几乎是众口一词地认为这篇小说是歌颂卖油郎秦重和“花魁娘子”莘瑶琴的爱情的，并说这篇小说的思想倾向反映了市民的要求。我并不否认秦重和莘氏之间是有某种爱情生活的，也不否认歌颂一个卖油的“穷小子”与使倾城达官贵人若狂的名妓相爱，也许是打破了一点等级观念，闪烁着平等思想的火花。但是，我认为这些并不是主要的。说真的，我在读《卖油郎独占花魁》时，心情是沉重的、压抑的。我从小说中看到的是一个没有光明的黑暗王国，万恶的娼妓制度的缩影，在这里交织着国破家亡后不幸沦落风尘的女子的血与泪。

娼妓制度，是人类进入阶级社会后的产物。在所有的词汇中，大概再没有比妓院、老鸨更令人厌恶了。

莘瑶琴在仅仅还只有14岁的豆蔻年华，就被爱财如命、毒如蛇蝎的鸨母王九妈，用阴谋诡计“灌得烂醉如泥”，让满身铜臭的“大富之家”金二员外给糟蹋了。

从表面上看，莘瑶琴吟诗作画，穿红戴绿，羊羔美酒，经常饱览西湖的水光山色，似乎在纵情享受人间的荣华富贵，过着地上神仙的日子。但是，在花团锦簇的背后，不能不是深沉的悲哀。尽管莘氏大名鼎鼎，是花中之王，但不过是有钱的男人们的玩物。她遇到不但有钱，而且仗着父亲是福州太守而横行乡里的“花花太岁”吴八公子，可就立刻遭殃了。

光天化日之下，她被从家中绑架至西湖，备受凌辱。当她奋起反抗，要投水自尽时，吴八公子一声怒吼，倒是很能说明莘瑶琴之类妓女的社会地位究竟是什么，“你撒赖便怕你不成？就是死了，也只费得我几两银子，不为大事。”真是人命如蚁，任人践踏！

需要指出的是，莘氏是上等妓女，结交了不少上层人物，在她的身后很有可能是有几把保护伞的，她尚且受到如此欺凌，一般妓女的命运也就可想而知了。

是的，莘氏积下了大宗钱财。她除了“把五六只皮箱一时都开了，五十两一封，搬出十三四封来，又把些金珠宝玉算价，足勾了千金之数”，作为赎身费外，而且在与秦重成婚的“满月之后，美娘把箱笼打开，内中都是黄白之资，吴绫蜀锦，何止百计，共有三千余金”。

在短短的几年间，莘瑶琴除了每接一次客为老鸨婆挣十两银子外，竟积攒下这么多私房，委实惊人。但是这一只又一只的箱笼，“吴绫蜀锦”，不禁使人想起了日本电影《望乡》中的阿吉妈。她在临死前夕，将一大包——也许有上千只之多的各种戒指，交给与她同在火坑受煎熬的青年姑娘们。她们惊呆了，居然有这么多五光十色的宝贝！可是阿吉妈却悲痛欲绝地说：“我每次接客，跟男人们不要钱，只要戒指。这些戒指，是我几十年血泪的见证啊！”

莘瑶琴虽然还年轻，毕竟没有像阿吉妈那样灯油耗尽，最后闭上双眼，告别她所憎恨的世界。但是，伤心千古月，中外无不同。莘氏的那些一两两黄金、白银，与阿吉妈的一只只戒指一样，不能不是她无数个晨昏月夕流尽血泪的见证！

娼妓制度本来是人吃人的奴隶主义、封建主义肌体上的毒瘤，妓院这个社会角落是没有光明的黑暗王国！历代文人雅士，在他们的作品中，往往美化妓女生涯，把妓院写成极乐世界，不能不是“搽在鬼脸上的雪花膏”。

《卖油郎独占花魁》这篇小说，当然也是出自文人的手笔，至少是经过他们加工的。小说把秦重、莘氏的结局写得那样美满，不仅是落入了中国传统小说最终总是“大团圆”的俗套，同时，起码在客观上，也不能不是对妓女生涯的美化。

在作家的笔下，投进这个黑暗王国的光明，是卖油郎的爱情。但是，一个真正的穷卖油郎，终日走街穿巷，得到的蝇头小利，至多也不过是仅供自己糊口。他是决不会去花十两银子，对一位名妓作非分之想的。鲁迅说得好，贾府的焦大，是不会去爱林妹妹的。我以为，卖油郎的形象，与其说是一位穷卖油的化身，还不如说是下层文人的化身。在卖油郎的身上，寄托着这些寒士的理想，或者说永远也不能实现的残梦。

我不知道这点微不足道的看法，是否能够成立？在古代，在旧中国，中国的各种文学体裁，有相当一部分，几乎都与妓女结下不解之缘。不同的作品，写于不同的时代，出自不同作者之手，作品的思想倾向，当然是不会相同的。但是，在某些作者的笔下，妓女的悲惨生涯，被严重歪曲、粉饰了。如果不明真相，什么“金粉脂娃”“红袖添香夜读书”之类的呓语，未必不会对一部分青年读者起到“蒙汗药”的作用。因此，在读这一类文学作品时，如果能同时读一点野史、笔记，这对了解所谓“仙都”“乐土”“方俊歙集，风流孔长”（见钱牧斋《金陵社夕诗序》中描写南京妓院语）的青楼内幕，是大有好处的。例如，古代不少文人称道“维扬自古多佳丽”，对扬州“瘦马”（妓女也）的所谓风流韵事，津津乐道。

李斗的《扬州画舫录》，未尝不使人有“目迷五色”、眼花缭乱之感，但是，读一读清初张岱的《二十四桥风月》，沉沉夜幕中，几十名等在茶馆却无客可接的妓女是何等凄凉：“沉沉二漏，灯烛将烬，茶馆黑魆无人声。茶博士不好请出，惟作呵欠，而诸妓醵钱向茶博士买烛寸许，以待迟客。或发娇声唱《劈破玉》等小词，或自相谑浪嘻笑，故作热闹以乱时候，然笑言哑声中，渐带凄楚。夜分不得不去，悄然暗摸如鬼，见老鸨，受饿、受笞，俱不可知矣。”（《陶庵梦忆》）在这里，分明既没有“杨柳岸，晓风残月”，也没有“小红低唱我吹箫”，有的则是“一把辛酸泪”，在形形色色狎客践踏下，灵魂被扭曲的女性。

看来，编一本《中国娼妓史》，是完全必要的。这对于研究史学、文学、社会学、妇女生活史等，都大有裨益。遗憾的是，至今似乎并没有听说有谁在动笔。而日本早在半个世纪前，就很重视这方面的研究，出版了中山太郎的《卖笑三千年史》、道家斋二郎的《卖春妇论考》、泷本二郎的《世界性业妇制度史》等专著。20世纪30年代初期，我国也出版过一部王书奴写的《中国娼妓史》。作者在《自序》中写道：“我在少年时代，曾经一度浪漫生活。十年旧梦，依约扬州，此中黑幕，十得八九。久已欲变更《平康记》《北里志》体裁，做出一部书来。”借用一句在“大革文化命”年头里十分流行的话来说，颇有点“反戈一击”的意味。作者写作此书，用力甚勤，态度是严谨的。但是，这本当年生活书店印出后很快又再版的并不寂寞的书，早已绝版了，一般读者，很难看到。能否重印，作为资料书重新呈现在读者面前？请出版家考虑。

1982年12月27日夜

中华文化一枝花——谈中国武侠小说

在中外文化交流中，就中国文学而论，能够风靡世界、历久不衰的作品，是武侠小说，特别是以被人称为“武林宗师”的香港作家金庸（查良镛）为代表的新派武侠小说。香港的文学评论家林以亮曾这样说：“凡有中国人、有唐人街的地方，就有金庸的武侠小说。”这并非夸大之词。

西方有没有武侠小说？学术界看法不同。我倾向于这种看法：《三个火枪手》《宫本武藏》之类，只是类似武侠小说，而不是武侠小说。纵观西方文学史，从文艺复兴时代的骑士传奇，到19世纪的剑客、海盗故事，乃至于20世纪美国的西部英雄，仅从取材而论，与中国的武侠小说，便有很大差别。

西方英雄，不论是亚瑟王的圆桌武士，还是侠盗罗宾汉，都是民间传闻中的人物，而非见于正史记载的历史人物。而中国的武侠小说，深深扎根于中国悠久历史的土壤上，数不尽的历史人物的成功失败、悲欢离合，往往成为武侠小说作家取之不尽的创作素材。梁羽生、金庸多部小说中的主要人物，在历史上都有真名实姓，尽管他们的故事情节是虚构的。

金庸的小说，更浸透了凝重的历史感，非常重视再现笔下描绘的那个历史时代的实际。他的主要小说，按历史时序来看，上自《天龙八部》的北宋始，下至乾隆时的《书剑恩仇录》，历时八百余年，构成了一个完整的历史体系：纷繁激烈的民族矛盾与阶级矛盾的交织，为他笔下的人物，提供了演出无数悲喜剧的广阔舞台，注进了奔腾的历史的血液。这是西方的游侠故事、小说难以比拟，也是望尘莫及的。

台湾的著名学者侯健教授曾指出：“西方的罗曼史，是浪漫的，多超自然的事物。中国的武侠小说，偏近写实，甚至充满儒家式的古典主义的意味。”所言甚是。不过，又岂止是儒家？中国的武侠小说的主题，多半在儒家的忠孝节义、尊师重道、杀身成仁、舍生取义中展开，但也往往博采道家的以退为进、佛家的无我无相等，因此少林高僧、武当老道、华山隐士，常常是武侠小说中主宰江湖风云变幻的人物。绝大部分武侠小说，都是放在虚构的，甚至被有的评论家指为真空的世界里展开的。在这个世界里，正如香港武侠小说家温瑞安指出的那样，“有它自己的逻辑体系、江湖传统、武林道义、武侠传统。”凡此，都是道道地地中国式的，较诸别的国家的文化，真正是“只此一家，别无分店”。

武侠小说，自然离不开武，但是，这种武，绝不是简单的动手动脚，或一味打斗。从唐宋传奇的某些武侠故事，到现代武侠小说，其中武功的高超奇妙，波谲云诡，每每使人惊叹不已。

如金庸虽然并不会武术，但充分展开他丰富的想像力，把武功艺术化，因此他对武功的描写，千变万化，简直到了神鬼莫测、匪夷所思的地步，但又合乎情理。

无怪乎海内外不少学者称武侠小说是成年人的童话、神话，也无怪乎香港中文大学中国文化研究所所长陈方正说，武侠小说中“打斗的描写，使我们获得了太多的解放、自由感”。生活在现代化的快节奏中的人们，灯下，一卷武侠小说在手，是很容易怡然陶然，将在一天中绷得紧紧的神经松弛下来，优哉游哉的。

中华文化的特点之一，是具有极大的包容性，这在武侠小说的结构中，有充分的体现。神魔、气功、特异功能、剑术，固然是武侠世界的家常便饭；伤感的笔调，喜剧的手法，甚至政治讽喻小说、侦探小说、推理小说的若干手法，都可以移入，在封建社会受欺凌、遭白眼的尼姑、妓女、乞丐以及残疾人，都可以身怀绝技，甚至武功盖世，叱咤风云；在内容上，既有你死我活的壮士悲歌，也有缠绵悱恻的刻骨柔情，既有布满陷阱的阴谋，也有如小人物韦小宝的成功之道……惟其如此，武侠小说好比中央电视台的春节晚会节目，能吸引各个阶层的读者，满足他们的不同需要。

武侠小说的特点，决不仅仅是这几点，但仅从这几点足可得出这样的结论：武侠小说富有民族特色，是中华文化一枝花，我们应当重视它。

当然，像我国文化中的很多国粹一样，武侠小说也有上品、下品之分，有精华、糟粕之别，我对那种仅仅是“拳头加枕头”的“新潮”武侠小说，即嗤之以鼻。

至于对大量的武侠小说如何区分，如何鉴别，这就需要我们大力开展研究、评论。

1989年2月26日下午，八角村。

（《北京日报》1993年6月23日“文史”版）

请君一睹神仙荟——读《中国行业神崇拜》

在中国历史上，统治者均以神道设教，但从来没有出现过统一的宗教，政教也是分离的；而绝大多数百姓，崇奉泛神论，信仰多头神。惟其如此，中国人供奉的神五花八门，多得不可胜数。仅以行业神而论，各行各业所崇奉的神仙，又何其多也！

今日人们口语中，仍不时提到“三百六十行”，据田汝成《西湖游览志余》记载，“三百六十行”是明朝的叫法，概言经济发展，各行各业之多也。试想要把各行各业供奉的神，一一查考清楚，揭示来龙去脉，何其难也，非知难而上，甘坐冷板凳者，决不敢问津。

但是，三年前，我终于碰到一位问津者：一家报纸的青年编辑李乔先生。

某日，他光临寒舍，说正在利用业余时间，继续研究行业神，打算写一部专著。不才闻之雀跃，极力鼓动他“步步为营”，按照每个行业，把所知道的神一一查清楚，写出来。这对于研究中国文化史、社会史、经济史，将是大有裨益的。

流年逝水，一转眼三年过去了。不久前，李乔冒着酷暑来访，从书包里拿出刚刚由中国华侨出版公司出版的他的大著——《中国行业神崇拜》，顿使我眼睛一亮。

近日我将这本三十五万字的著作细读一遍，深感这是一部值得史学界、民俗学界刮目相看的、功力深厚的佳作。

我想用两个字概括这本书的特点，这就是：全、实。

全：本书分上、下编，上编是概论，论述行业神的定义、分类、特征，以及行业神传说的历史价值、民俗价值等；下编分述一百四十个行业所崇拜的神，搜集到的行业神名目多达五六百种。书末所附神名索引达16页之多，起于监狱神“亚孬”，终于娼妓供奉的神仙之一“脂粉仙娘”，真是各路神仙毕至，洋洋大观。迄今为止，没有一部著作能像本书这样全面、完整地将行业神的资料汇集在一起。著名学者任继愈教授在本书的序言中指出：“这部书的突出优点是资料搜罗宏富，它的史料价值不在于关于行业神‘崇拜’的论述，而在于‘行业’罗列的齐全。”诚哉斯言！

实：近几年，学术界风行新玄学，有一些人，满嘴谁也听不懂、自己也未必懂的所谓新概念，所写文章、书籍，满纸腾云驾雾。李乔没有赶这样的时髦，而是辛辛苦苦地跑图书馆，史海拾贝，有时费尽九牛二虎之力才找到一条材料，终于搞清某个行业神，不禁欣喜若狂。此种甘苦，非潜心治学者所不能道。他还对北京的一些行业神遗迹作了实地调查，更属难能可贵。这是一部实实在在的功夫文章学子书，比起前两年出版的胡乱编些材料、虚构太阳神崇拜的所谓著作，实在有霄壤之别。请君一睹神仙荟——李乔的这本荟罗形形色色行业神的书，显然是值得一读的。

还需一提的是，李乔写作本书时，妻子患病，需要照料，破屋一间，几乎难避风雨。然而，正是在这样艰辛的环境中，他却写出了这样一本很有学术价值的书，这就再一次证明，中国不少的知识分子，真是令人尊敬。

（香港《大公报》1990年9月6日第20版）

谁是江上吹箫人

少年时，读苏东坡的千古绝唱《前赤壁赋》，对与东坡一道夜游赤壁的那位客人，不禁钦羡之至：在“江水澄澄江月明”的静夜里，能与一代文豪东坡先生，在滚滚东去的江面上，共度良宵，这是何等的幸运！后来，我学会了吹箫，每当再读到“客有吹洞箫者，倚歌而和之。其声呜呜然，如怨如慕，如泣如诉，余音袅袅，不绝如缕，舞幽壑之潜蛟，泣孤舟之嫠妇”，更钦佩这位客人是吹箫能手，他的箫声简直是“隔江和泪听，满江长叹声”。在十年浩劫期间，笔者深受迫害，有时在家中偷偷地吹箫，以排解胸中的郁闷之气，此时此刻，一想起这位吹箫客，联系自己在“地狱十八层”的处境，痛切地感到同是吹箫人，而命运又何啻有天上人间之别！——但是，几十年来，我始终不知道这位客人的名字。《前赤壁赋》未有注明，翻检一些研究东坡的著作，及若干史籍，均不得其解。谁是江上吹箫人？成了我心头解不开的疑团。

想不到，最近长夏夜读，看到乾隆时学者曹斯栋《稗贩》卷四的这条记载，不禁喜出望外："读东坡《赤壁赋》，至'客有吹洞箫'句，每叹惜不知其姓氏……偶阅吴匏庵诗云：'西飞孤鹤记何详，有客吹箫杨世昌。当日赋成谁与注？数行石刻旧曾藏。'始知为绵州武都山道士杨世昌字子京也。即东坡诗亦有'杨生自言识音律，洞箫人手清且哀'。"吴匏庵即明初显宦、名儒吴宽，著有《匏翁家藏稿》。吴老先生有石刻为证，他说吹箫人是杨世昌，应当是可靠的。

查《苏东坡全集》卷十三，有《蜜酒歌》一首，诗前小叙谓："西蜀道士杨世昌，善作蜜酒，绝醇酽。余既得其方，作此歌遗之。"并赞此酒"三日开瓮香满城，快泻银瓶不须拨"。可见杨世昌还是位酿酒好手，真是个多才多艺的风流道士。惟其如此，东坡才会与他过往从密，留下同游赤壁的佳话，使后人临风怀想了。

1990年9月7日

风流道士杨世昌

提起杨世昌，一般读者恐怕无人知晓。不久前，笔者曾写过一篇《谁是江上吹箫人》，指出苏东坡的千古佳作《前赤壁赋》中描写的那位"客有吹洞箫者"，是西蜀道士杨世昌，从而解开了在我心中藏了几十年的疑团。写作此文时，主要根据清代乾隆时学者曹斯栋《稗贩》所引明代前期名儒、显宦吴宽的一首诗。寒斋藏书中无吴宽诗文集，故当时未能查证。近日去图书馆查了一些书，感到有幸与大文豪东坡先生一起夜游赤壁的杨世昌，确实是位多才多艺的风流道士。

杨世昌善酿蜜酒，苏东坡曾赞不绝口。直到元代，仍有人夸杨世昌

的酒好。如“庐山道士黄可立之言曰：……吴筠之诗，不如……杨世昌之酒”。（陆友仁：《研北杂志》卷下）

据民国初年编纂的《绵竹县志》卷17记载，杨世昌字子京，是绵竹武都山的道士。东坡谪黄冈时，世昌自庐山访之，东坡曾书一帖，称道世昌善画山水，能鼓琴，晓星历，精黄白药术，真是多才多艺。世昌经常外出，寻访名山胜迹，结交了不少学者、名流。太常博士、诗人文同在《杨山人归绵竹》诗中写道：“一别江梅十度花，相逢重为讲胡麻。……青骡不肯留归驭，又入平芜咽晚霞。”世昌的浪迹天涯，于此可见一斑。

吴宽著有《匏翁家藏稿》。近日我有幸将此书的正德四年（1509）刻本，读了一遍，在卷20，果然有曹斯栋所引诗，题名《赤壁图》，并在诗末注曰：“世昌绵竹道士，与东坡同游赤壁，赋所谓‘客有吹洞箫者’，其人也。”吴宽有碑刻资料为证，所述应当是可靠的。

东坡一生，交友甚多，而且对儒、释、道兼容并蓄，从而使他的思想异彩纷呈。试想，如果没有风流道士杨世昌与他同游赤壁并吹箫江上，《前赤壁赋》中就不会有对箫声、道家思想那样令人叹为观止的精彩描绘，这正是东坡文章“光焰万丈长”的一个重要成因。

1990年10月31日

一本奇特的伪书

明代万历年间，有一本颇引人入胜的奇书，在士林间悄悄流传。书前有因嘉靖大礼义案而遭贬斥云南的大名士，也是大学者杨慎的题词，说是得于安宁州土知州董氏家，是海内孤本，书名叫《汉杂事》，一卷，但卷首又有“秘辛”二字，故名《汉杂事秘辛》。杨老先生还特别指出，书中“吴某入后燕处审视一段，最为奇艳，但太秽亵耳”，这就越发激起读者的好奇心——好睹秘辛、奇艳，乃不少文人之常情也。

因此，读者争相传抄，嘉兴的包衡先生购得一本，视为珍宝，准备除夕时“聊当椒盘”。刚好有友人来，见之大喜，便将此书介绍给沈、胡两位先生，刻入《秘册汇函》，从此更是不胫而走，影响深远。时人谢肇淛赞不绝口，谓：“叙女宠者，至《汉杂事秘辛》极矣……所谓‘拊不留手，火齐欲吐’等语，当与流丹浃藉竞爽，而文采过之……此等文字，今人不能作也。”（《五杂俎》卷八）显然，他认为《汉杂事秘辛》确实出自汉朝人的手笔。

直到近代，一些学者仍对之很赏识，甚至连学术大师梁启超老先生，也一度把它当做汉代野史看待。已故史学家陈登原教授早年著的《中国妇女生活史》，曾引用此书的内容，论述汉代妇女情状。

然而，这本书却是一本伪书，它的作者不是汉代某氏，而正是杨慎本人。

让我们先看一看《汉杂事秘辛》的主要内容。本书写的是东汉梁冀家事，其时汉桓帝选妃，看中了梁大将军的小姐梁莹，由皇太后派一个保姆，去检查梁小姐的身体，不仅让梁莹脱光衣服，对她身体的各部位长度做了记录，如“自头至底长七尺一寸，肩广一尺六寸，臀视肩广减三寸，自肩至指长各二尺七寸”等，更仔细观察了梁小姐的肌肤、私处，但见“肌理腻洁，拊不留手，规前方后，筑脂刻玉。胸乳菽发，脐容半寸许珠，私处坟起。为展两股……此守礼谨严处女也”。桓帝听了情况汇报后，很满意，遂迎梁莹入宫，册立为懿德皇后。

这个故事不仅富有传奇色彩，对裸女的描绘，更摇人心目。但稽诸学术史，就会发现破绽：传奇乃唐、宋始有的文学形式，东汉何能有？对裸女的刻画入微，也是唐、宋以后，特别是明朝才有的事，汉代不会有。更明显的是，书中还写了梁莹的缠足状，而缠足（俗称裹小脚）是五代以后才有的陋俗。明代学者胡震亨等人，更从制度、仪礼等方面，指出书中的一些记述，与汉代实际情况不符。后来，沈德符终于揭穿了事实真相，指出："近日刻《汉杂事秘辛》……以为始于东汉。不知此书本杨用修伪撰，托名王忠文得之土酋家者。杨不过一时游戏，后人信书太真，遂为所惑耳。"（《万历野获编》卷二十三）

六十多年前，梁启超在清华研究院授课时，在坦承上当后，即指出："此书疑即晚明时杨慎用修所作。杨老先生文章很好，手脚有点不干净，喜欢造假。"（《古书真伪及其年代》）

当然，伪书不等于废书。用《汉杂事秘辛》研究汉代，那实是笑话；但用以研究明代的文化史，还是很有价值的。

（台湾《中央日报》1991年12月23日"长河"版。署名李泗。）

文采不会从天降

虽说我是研究历史的，并不时舞文弄墨，但没有写过历史人物的传记。何以故？因为，我心目中历史人物传记的高标准是：专业史学工作者，包括有关的专家、学者及普通读者，都读之爱不释手，就如同一代又一代的史学家和一般读者，读了《史记》的项羽本纪、淮阴侯列传，都无不叫好一样。

简化这个标准，实际上就是八个大字：史实确凿，文采斐然。

拿这个标准衡量自己，我以为经过努力，对所写传主的史实网罗、考订后，做到丰富、准确，当无大问题；而即使作了很大努力，却不能文采斐然，使笔下的传主，宛如一朝从长眠的九泉下跃起，栩栩如生。我固然不才，也缺乏雄心壮志，但拿这样的标准，同样来衡量当今已出版的历史人物传记，料想合乎理想的，恐怕是凤毛麟角。

关键何在？正是缺少文采。据管窥所及，历史人物传记写得好的作者，往往并非历史学家。

已故老前辈朱东润先生的《陆游传》，引人入胜，但他是以研究中国古典文学鸣于时的，早年负笈伦敦，学的是文学，而非历史，有很高的文学修养。

读过已故赵景深教授写的《女词人李清照》（见《海上集》），你仿佛听到李清照的心脏仍在跳动，感受到她深深的寂寞。且看这样的描述：

她处在寂寞的深闺里，柔肠虽只一寸，其中所含的愁却有千缕。纵然惜春，春也不为她留住，只见几点雨落下来，花都凋零了。她倚着东边的阑干，又倚着西边的阑干，遥望着她的明（赵明诚），什么事也不想做。可是，她的明在哪儿呢？芳草是这样的绵绵不断，开展过去，开展过去；远远的，远远的，明是应该从这条路上回来的呀！然而，眼都望断了，这条路上仍只有连天的芳草，不见明的马迹。

你看，赵老笔下的李清照，难道不是有血有肉的吗？也许有人会指责，这样细微的刻画，不见得有史料依据，未必可取。其实，如果你对照一下李清照的《点绛唇》就不难看出，赵老的描绘，并非凭空杜撰：

寂寞深闺，柔肠一寸愁千缕。惜春春去，几点催花雨。倚遍阑干，只是无情绪。人何处？连天芳草，望断归来路。

他写的《女诗人鱼玄机》，同样生动感人。

而为人们熟知的是，赵老是著名文学家，及研究戏剧、俗文学的专家。

这就启示我们，没有深厚的文学修养，即使是满腹史料，也不可能写出生动的历史人物的传记，因为，如果文字枯燥无味，不懂得抓住典型史例来再现历史人物的风采，写出来的作品，不可能有很强的感染力。

可以毫不夸张地说，某些传记描写的历史人物，实际上无异于被著者用平铺直叙的章法，平淡无奇的文字，以及繁琐的史料，重新埋葬了一次，哪有生气可言！

当然，文采不会从天而降。像司马迁、欧阳修那样文史皆巨匠、风流卓不群，毕竟是上千年才出现一二个，根本难以企及。但是，从他们的身上，我们可以深刻地感悟到，史学家应当加强文学修养。

前几年，文学界曾提出作家学者化。史学界可否提出学者作家化呢？这是值得探讨的。我认为，起码在文学基础较好的史学家中，应当提倡文史结合，甚至作家化。这不仅是诞生优秀历史人物传记作品的重要前提，也是解决当今史学著作读者日稀、出版甚难的有效措施。再伟大的著作，如果不出版，出版了又无人看，又何从体现其社会价值？

纵观现在的史学教学、论著写作、职称评定，存在许多不利于文史结合或培养文学才能的因素。如：大学历史系不上写作课；学术论文三段论式、著作前苏联教科书式，已经定型，成了新的学术八股；衡量史学成果，从来不讲文采如何，以致有的学者已是教授、研究员，连文字通畅都没有做到。显然，这里存在着学术观念需要更新的问题。要解决它，非朝夕之功所能奏效，需各方努力持久不懈。

法乎其上，得乎其中。只要史学界高度重视文学修养，采取相应措施。那么，即使史家笔下的人物还不能栩栩如生，呼之欲出，但他们下笔时，起码也会改进文风，增强可读性。这肯定是读者欢迎的。

1992年4月9日

是人不是神——说皇帝

说起皇帝，至今仍让人多少有点神秘感。在我们的泱泱大国、11亿吃饭朋友中，端古人饭碗——也就是研究历史的书呆子，毕竟还是太少。因此，普通百姓，往往是从戏曲舞台、历史演义、连环画、民间故事中，来感受离开我们已不啻是个遥远的梦的皇帝。梦境总是模模糊糊，虚无缥缈，亦真亦幻难取舍。在相当一部分人心目中的皇帝形象，何尝不是如此？看了《封神榜》，他们会大骂殷纣王"真他妈不是东西！"看了戏曲《打金枝》，他们又会觉得唐朝的皇帝真是通情达理；而看了《明末遗恨》，则会感到崇祯皇帝实在可怜。如此等等。至于皇帝一出场，前呼后拥，警卫森严，"万岁！万万岁！"之声不绝于耳，久而久之，耳濡目染，不能不使你感到皇帝是神不是人。

然而，一翻史书，并略作思考，人们就会得出结论：皇帝是人不是神。正如妖由人兴的道理一样，皇帝也是被人逐步神化的，导致离百姓越来越远。一部造神运动的历史及最终末代皇帝溥仪被推翻，又还原为普通人的历史，也就是中国封建专制主义发生、发展、衰亡的历史。人有好人、坏人之分，好人中又可分为一代人杰、大好人、普通好人，坏人中也可分为坏到极点、一般坏。而这并不排斥好人也可能做过几件坏事，坏人也可能做过一两件好事。皇帝既是人，大体也不会超出这个范围，只是他们掌握着至高无上的权力，无论是做好事，还是做坏事，往往会对当代及后世，发生巨大、深远的影响。聊举几例：汉高祖刘邦、明太祖朱元璋，都对历史作出过重要贡献，自然属于好皇帝之列；但他们的屠戮功臣，实在是遗恶名于千古，永远令人切齿。隋炀帝杨广是声名狼藉的坏皇帝，但他的开凿运河，至少在客观上却有利于经济的发展，至今我们仍然感受到这一份"恩泽"之久长。

人，各色人等。皇帝自然也是一样，形形色色。台湾的著名文史学者苏同炳（庄练）先生，写过一本《中国历史上最具特色的皇帝》，计有：最好同性恋的皇帝、最佞佛的皇帝、著作最丰的皇帝、最荒唐的皇帝、最奢侈放诞的皇帝、最伟大的皇帝、唯一的女皇帝、最惑溺女色的皇帝、最爱好戏剧的皇帝、最无耻的皇帝、最可敬佩的皇帝、最富于艺术天才的皇帝、最自私的皇帝、最孝顺的皇帝、武功最盛的皇帝、最惧内的皇帝、最贪财的皇帝、在位时间最短的皇帝、最好的皇帝、最勤政的皇帝、福命最好的皇帝、最节俭的皇帝、死得最不名誉的皇帝、最窝囊的皇帝、最末一个皇帝。当然，我们还可以列出皇帝的其他"之最"来，如最早统一中国的皇帝（秦始皇）、最有文学才华的皇帝（南唐李后主）、最莫名其妙的皇帝（明武宗）等。但仅从苏先生所列数的"之最"来看，中国皇帝的五花八门就够令人眼花缭乱的了。罗仲辉、石树贤伉俪译著的这本《中国历代帝王传》，虽因篇幅限制，不可能把中国历史上的皇帝——特别是有资格进入"之最"大观的皇帝，逐一加以介绍。但是，读了本书，皇帝究竟怎样伟大，怎样卑劣，怎样"仗剑一啸天地阔"，怎样"一江春水向东流"，等等，大体上也就一目了然了。

某些古人曾将皇帝分为两大类：有道明君、无道昏君。这虽也不无道理，但显然过于简单化。一般说来，世末多悲哀，容易出昏君。事实上，也往往正是他们的多行不义，才断送了一朝江山。而开国之时，多为明主。试想，打江山、夺交椅，如果领头的一脑袋糨糊，又怎能统率文武、改朝换代？此后，直至中叶，多数的皇帝都是坐在第一把交椅上吃果果，中不溜秋。再往后，则不对了，坐在椅上不耐烦，一心向往上天梯，胡作非为，最终从椅子上摔下来，跌个粉身碎骨。就此而论，一部交椅盛衰录，就是千年帝王史。如此而已！

皇帝是皇帝制度的产物，是封建社会至高无上的主宰。有这样的社会，才会有这样的皇帝。面对历史，我们必须重视皇帝的历史作用，对他们逐一作出客观的评价。但是，也不要过于看重个人的作用，尤其不要像五四时期那样，见孔夫子就骂，见皇帝就打。义愤不等于科学，尤其不等于历史科学。有一些皇帝，实在是错生帝王家。如宋徽宗，倘若不是皇帝，也许绘画上的成就更大，即使是没出息的明熹宗，也可能成为优秀的工匠，甚至是发明家。时也，势也，这才是包括各种皇帝在内的历史人物命运的决定性因素。

需要说明的是，本书因体例限制，取材正史，而正史总难免遮遮掩掩，装腔作势。如果人们能读些野史、私家记载之类，你会发现皇帝的更多秘密，也就更能看清他们的真面目。以明朝为例，武宗朱厚照不但寻花问柳，还好做人家干爹，真是亏他想得出；穆宗朱载垕，纵欲过度，滥服丹药，以致“阳物昼夜不仆，遂不能视朝”。史家却还恭维他“端拱寡营，躬行俭约”，岂不令人笑掉大牙？而崇祯皇帝朱由检在得知农民军攻破内城、大势已去后，挥剑砍其女长平公主、昭仁公主，说：“汝何故生我家？”这两个女孩，真是太不幸了！

一本帝王传，千秋兴亡多。朋友，这还不值得您一读吗？

1992年6月8日于春明

（这是笔者为国际文化出版公司1992年12月出版的中华名人传系《中国历代帝王传》写的序。下面的说后妃、说太监，亦是给有关传写的序。）

一是一，二是二 ——说后妃

人们常把历史比作舞台。就此而论，史书——特别是历史人物传记，更是一座再现历史人物叱咤风云、悲欢离合、几度风雨、几度春秋的舞台。在《中国历代后妃传》这座舞台上，商传、杨林等拉开重重叠叠的历史帷幕，使我们有机会看到历代81位形形色色的后妃，正向我们缓步走来。如果用传统的及不才刚发明尚未申请专利的戏曲语言来形容，可谓有正旦，如西汉薄太后、北魏冯太后、辽朝肖太后、明朝马皇后；有泼辣旦，如汉朝吕后、唐朝武则天；有风骚旦，如西汉赵飞燕、明朝万贵妃（当然，武则天仍有资格在这一行中兼职）；有恶旦，如慈禧太后；有倒霉旦，如亡国之君东汉献帝、南唐李后主、北宋徽钦二帝、明末崇祯皇帝的后妃们，如此等等。她们或推行改革，或"相夫教子"，充当贤内助，实现国泰民安；或垂帘听政，勾结外戚、宦官，独揽朝纲，弄得政治腐败，危机四伏，国运如夕阳西坠；或迫害功臣，滥杀无辜，心之狠，手之辣，简直令人发指；或被发配天涯，幽囚黑屋，老死大漠；或被迫悬梁、仰药、投井、跳楼，甚至被活活烧死，等等。真是同嫁帝王家，命运大不同。而透过她们的青云得意录，或者一把辛酸泪，我们可以清楚地看到一个又一个朝代的风云变幻，治乱得失。

人类对自身的认识水平，远不及对身外之物——如月球、星河、宇宙的洞察程度。譬如，我们对于同类的另一半妇女的认识，即很肤浅。不久前，几家电视台播放一部神话剧，仍然唱着老掉牙的商亡于所谓狐狸精妲己、女人是祸水的前朝曲。如何全面、公正地评价历史上的后妃——特别是影响很大、错综复杂的人物，如吕后、武则天之流，不仅使人困惑过，有时甚至还伴随着严酷的政治斗争。"文化大革命"距今不远，铺天盖地的"儒法斗争"的大字报，我们还记忆犹新，那时的吕后、武则天，真应了民间一句俗话"死母猪越吹越壮，泥菩萨越涂越亮"，不断"吹"，不断"涂"的结果，吕后、武则天成了所谓大法家，头上闪耀着万道金光。谁要敢在这两位老娘们儿头上动土，刷一条诸如"打倒吕后！""打倒武则天！"的标语，轻则打进"牛棚"，重则身陷囹圄。然而，这与历史上的吕后、武则天并不相干。当然，"十年河东，十年河西"，又有那么一个短时期，吕后、武则天忽然又似乎倒了八辈子邪霉，变得一无是处，一钱不值。不用说，这同样与历史上的吕后、武则天不相干。

其实，吕后就是吕后，武则天就是武则天。吕后出生入死，帮助刘邦打天下，建立汉朝，刘邦死后，又为维护政权不遗余力，没有功劳，也有苦劳吧？而她帮助刘邦杀韩信、彭越等异姓诸侯王，残酷迫害戚夫人等，又充分表明了她的阴险歹毒，几乎成了凶狠的代名词。如元杂剧马致远《汉宫秋》中的汉元帝云："您众文武商量，有策献来，可退番兵，免教昭君和番。大抵是欺娘娘软善，若当时吕后在日，一言之出，谁敢违拗！……当日未央宫里，女主垂旒。文武每（们），我不信你敢差排吕太后。"又如今日民间歇后语仍有"吕太后的筵席——吃不了兜着走"的说法，可见吕后"恩典"的长久了。而武则天的嗜杀成性，史所罕见。为了诬陷王皇后，她竟悍然缢死亲女；称制后，为树立自己的权威，开告密之门，怂恿酷吏周兴、来俊臣等兴起大狱，诛戮无虚日；她的亲属、情夫，亦动辄被杀，等等。这不分明是个母夜叉？但是，她还有另一面。她实际掌握国政共四十余年，社会经济继续上升，上承"贞观之治"，下启"开元之治"，说明她的稳定政局，促进生产发展的大政方针，是起了进步作用的。至于她的开科取士，善用于人，以及听取逆耳忠言时表现出的雅量，又不能不使人肃然起敬。有位朱敬则先生，疏谏武后不可纵欲，勿再选美少年，说："陛下内宠有薛怀义、张易之、昌宗矣，近又闻尚食柳模自言，其子良宾洁白美须眉，长史侯祥云，阳道壮伟，堪充宸内供奉。"这些话，触及武则天隐私，令人难堪，相当刺耳，一般女人视为奇耻，断难容忍。而武则天不但没有生气、加罪，反而赐朱敬则彩百段，说"非卿不闻此言"。甚至骆宾王在檄文中骂得她狗血喷头，但当她读到"入门见嫉，蛾眉不肯让人，掩袖工谗，狐媚偏能惑主"时，不过冷笑一声，说："那又怎么样呢？"竟如此沉得住气。这样的心胸，不仅能撑船，简直可以放冲天炮了。总而言之，一是一，二是二，或者说有一说一，有二说二。对吕后、武则天的历史功过应作如是观，对其他后妃的评价，也应作如是观。

历史上的后妃，无论是起好作用，还是起坏作用，之所以产生那样大的影响，并非她们个人有特别大的能耐，更不可能是三头六臂。试想，寻常百姓家的女子，即使是泼妇、刁婆，发起疯来也不过是赏丈夫两个大嘴巴，吐一脸唾沫，躺在地上作特殊运动而已。即使是坏透了，充其量也不过是谋杀亲夫，参与谋财害命，最后还得把自己的性命也赔进去。但是，一朝“好风凭借力，送我上青云”，当了位居九五、富有四海的皇帝的大、小老婆，依仗着至高无上的皇权，所谓母仪天下，或者直接把持国政，那个影响可就大了！因此鲁迅晚年曾不胜感慨、大彻大悟地说：“我一向不相信昭君出塞会安汉，木兰从军就可以保隋；也不信妲己亡殷，西施沼吴，杨妃乱唐的那些古老话。我以为在男权社会里，女人是决不会有这种大力量的……殊不料现在阿金却以一个貌不出众，才不惊人的娘姨，不用一个月，就在我眼前搅动了四分之一里，假使她是一个女王，或者是皇后，皇太后，那么，其影响也就可以推见了：足够闹出大大的乱子来。”（《且介亭杂文·阿金》）诚哉斯言！

要之：这样的时代——封建专制时代，产生了这些特殊的娘儿们——后妃。辛亥革命推翻了君主制，“覆巢之下无完卵”，后妃们也就恢复了作为女人的平常本色。于是，中国历史舞台上后妃们终于演完了最后一场戏，灯光骤灭，拉起帷幕；中国历代后妃传，也就永远画上了句号。是的，此后仍有军阀、贵族者流，妻妾众多，但充其量那不过是老婆群体，用一句上海话来形容，跟后妃可是“一眼眼弗搭界”——毫不相干也。

1992年6月3日于春明

难以切除的毒瘤——说太监

历史有时候似乎真让人琢磨不透：英雄豪杰、顶天立地的大丈夫，在政治舞台上叱咤风云，固然不足为奇；奇怪的是，一群经阉割后，没了那玩意，却又往往因手术处理欠佳，余沥不断，一身尿味无风而来，让人不寒而栗，被鲁迅谑称为“半个女人”（《娘儿们也不行》）的太监，也常常兴风作浪，有时竟然搞得天下大乱，河决鱼烂，民不聊生。您说，这样的区区不才，居然让历史错乱过好多页，岂不让人纳闷？

当然，仔细想来，说怪也不怪。一方面，太监并非中国的“国粹”，在古罗马、古埃及、古印度等国也有他们的身影，古罗马的太监中，还出现过带兵打仗的统帅，而作为历史的变态孑遗，印度民间至今还有很多特种阉人混迹江湖。另一方面，时势固然造英雄，时势同样造狗熊。历史巨人可以把俊彦推上权力的高峰，也可以把小人、怪杰，甚至流氓、骗子推上权力的高峰。重要的是，那要看在什么样的社会条件下，历史走向何方，或者说，政治土壤、气候如何，这是决定开什么花、结什么果的关键。

太监刚出现在历史舞台上，倒是平淡无奇。在古老的典籍《诗经》《左传》中，就有太监的身影。但是，从周代到西汉的漫长岁月里，太监的命运掌握在大臣手中，因此，此时的太监并未作威作福。而且这个时期的太监也并非由非去掉暗道机关不可的“刑余之人”担任，有一部分仍是正常人充当的，其中还有部分士人，太监的总人数也比较少。

而从东汉开始，情况便大不相同。就东汉而论，可谓：朝中无英主，太监称大王。东汉的皇帝，除明帝、章帝外，几乎都是幼年继位。因而每一代开始时都是由年轻的皇太后临朝称制，她们只能依靠外戚、太监把持朝政，使太监的势力得以膨胀。最典型的例子是：汉桓帝死后，窦太后临朝，立十二岁的刘宏为帝。不久，太监曹节等发动政变，将窦太后囚于南宫，杀死外戚大将军窦武与官僚陈蕃，从此一手遮天，操纵政要，灵帝刘宏常诚惶诚恐地说：“张常侍（大太监张让）是我阿爸，赵常侍（大太监赵忠）是我阿妈。”太监的权势之大，也就可想而知。

明朝中叶后，情况也有点类似。英宗即位时才九岁，武宗登基时十五岁，神宗承继大统年方十岁，熹宗称帝时十七岁，武宗、熹宗更是性好游冶、不务正业的顽童，这对王振、刘瑾、冯保、魏忠贤的专权来说，无疑是天赐良机。不过，明代已是中国封建社会后期，以被神化了的君权为核心的专制主义中央集权，也已发展到后期。汉、唐太监可以立、废皇帝，明代的太监则无此等能耐。这一时期的太监，权力再大，也不过是代行皇帝手中的权力，或者说是皇权的一种特殊使用形式而已。因此，皇帝一旦发现太监这条走狗不走，需要另换，或者觉察到他们有野心，构成对皇权的威胁时，一翻脸，一挥手，这些太监立即从权力的顶峰上掉下来，跌个粉身碎骨。无论是被军民称为“站着的皇帝”的刘瑾，还是被马屁精们尊为九千九百岁的魏忠贤，结果一个被千刀万剐，一个自己吊死在旅店，都说明了这一点。

显然，太监专权的祸首，是皇权，是浸透封建专制主义的皇帝制度。只要封建制度还存在，就一定有太监，或有太监的变种。

当然，世界上几乎没有绝对好、绝对坏的事。人恐怕也是这样。即使是刘瑾、魏忠贤，也曾经做过几件好事。更何况在太监队伍中，也曾出现郑和那样的大航海家，以及一些正直的政治家、建筑师、诗人、作家。这就要具体分析，区别对待。

此外，太监内部等级森严，最下层的，终年打更、清扫、倒马桶、种菜，胼手胝足，清苦劳顿，命运悲惨，值得同情。但这毕竟是支流，从主流来看，太监是中国封建社会政治肌体上难以切除的毒瘤，其危害之深广，在世界史上真是独一无二，这是中国历史的不幸。

本书介绍了数十个有影响的太监，是迄今为止收集太监传记资料最多的一本书。您想了解太监的来龙去脉吗？请读一读本书，一定会开卷有益的。

倘若没有很多时间，不妨先看看鱼朝恩、郑和、魏忠贤这些太监名流的故事，看到会心处，您一定会或喜，或怒，或不免掩卷长叹的！

1992年5月26日于春明

史学与政治学的结合——评《中国政治制度史》

半个多世纪以来，经过学人的辛勤垦殖，中国政治制度史的园地，显得郁郁葱葱，果实累累。通史式的、断代式的专著，即有三十余种。近几年，更是著家蜂起。但是，任何一门学科的建立，都是一个漫长的历史过程：由混沌初开而日臻完善。回顾这一过程，我们不难看出，在已经出版的主要著作中，虽各有千秋，但尚未完型。有的著作，只是网罗典章，排比分类，实际上是典故纪闻的翻版，其弊在未脱会要体裁，难以揭示一朝政治制度的演变脉络。有的著作，立足点比较脆弱，或者是未对政治学作必要的探索，因此所述政治制度的演变，仍停留在一般通史所述范围，缺少新意。或对历史学科本身，潜研不够，因此探索所及，失之在浅。有的著作，架构虽新，但仓促上马，成书太快，其弊在浮。指出此类著作的不足，当然不等于完全否定这些著作的学术价值。事实上，克服此类著作的不足，就有可能写出比较完备的著作来。最近天津人民出版社出版的，由中国社科院政治学所白钢研究员主编的《中国政治制度史》，便是一部令人耳目一新的专著。全书七十万字。我以为，这是迄今为止，学术界奉献给读者的最有分量的中国政治制度史，值得一读。

史学贵在独创，而独创有赖于突破。《中国政治制度史》的突破口，选择在历史学与政治学等学科的结合点上，可谓抓住了关键。中国政治制度史，顾名思义，是中国政治制度的历史。但何谓政治制度？只有用现代政治学的科学内涵加以规范，才能确定中国政治制度史的研究对象。本书确定研究对象是历代的国家性质与形式问题，亦即历代国体与政体的形成及其发展规律问题。并在此基础上，着重阐明中国历史上首脑与中央决策系统及其运行机制，用以考察行政管理、军事、司法、监察、人事、财政、户籍、民族、宗教、外事等相关制度。但是，科学的范畴，不等于僵化的模式。如何把几千年来不断变化的、千姿百态的政治制度全貌及运行轨迹充分揭示出来，就必须对各个王朝的政治制度，做深入研究。事实上，如果断代史不见功夫，任何一种通史式的专门史，很难取得很高的学术成就。

白钢先治史，后攻政治学，可谓史家从“政”，他是深知政治学、历史学的结合之道的。本书草创伊始，不仅专门召开过政治学、历史学、法学、民族学、军事学、经济学及中国历史各个断代的专家学者座谈会，深入讨论中国政治制度史这门学科的一些根本问题，及如何创新。而且更重要的是，组织了断代史及专门史的专家，从事本书的编撰。其中，王宇信、黄惠贤、白滨、朱瑞熙、陈高华、杜婉言、郭松义等，都是有关断代史的著名学者。这使本书的质量，从根本上得到了保障。

优秀的历史著作，应当是凝重的历史感与鲜明的时代感的高度统一。我国传统史学的奠基人司马迁，就是我们最早的楷模。《史记》贯穿着“通古今之变”，历史感与现实感浑然一体。很难设想，在当今改革开放的新时期，写出来的政治制度史的著作，能够不与我们的时代息息相关。中国历史的江河奔腾了几千年，裹挟、沉淀的泥沙，无处不在，包括政治制度领域。对封建社会政治制度的研究，容易使人产生义愤，但义愤决不等于科学。历史研究是理性的研究。我以为，关键在于学术性。对封建专制主义统治下政治制度的研究，越深入，科学性越强，其现实意义也就越大。

本书《导论》的第七节，是《传统政治制度与中国政治体制改革》，指出：“深入地开展对传统政治制度的研究，对于促进中国政治体制改革的深入发展，无疑具有重大的现实意义。”事实上，读了本书，我们固然会对专制主义、家长制、高度集权、官僚政治、人治原则、冗官之滥等积弊，有了深刻的了解。同时，我们也会懂得，传统政治制度蕴藏着丰富的成功经验，否则我们就无法理解，这样的政治制度，怎么能运转几千年，并产生过灿烂的文明？

事实上，本书所揭示的我国古代政治制度的精华，如严密的政治分工、悠久的权力制衡、发达的人事管理等，都值得我们今天借鉴。有人把“权力制衡”观念，说成是西方资产阶级的发明，这是数典忘祖，根本不懂得中国政治制度史。

（《人民日报》1992年4月24日第5版。有删节。这次按原稿排印。）

耳目一新——读《明代的儒学教官》

明代教育，是明史研究中的薄弱环节。几十年来，既无《明代教育史》出版，有关大小文章亦不满百，而且多半着眼于明代国子监、书院，及顾炎武、黄宗羲、王夫之三大家教育思想之研究。显然，这对我们欲窥明代教育之全豹，深入了解明代教育制度之利弊，并能从中吸取若干历史教训，是远远不够的。

不久前，台北学生书局出版了文化大学历史系吴智和先生的《明代的儒学教官》一书，将明代教育史的研究向前推进了一大步。

此书共395页，凡六章，即：第一章《绪言》，著者介绍了研究明代儒学教育的动机与目的、研究内容与方法、研究价值与期望；第二章《儒学教官与明代政治》，分述教官的地位、出身、任用、考核、黜陟；第三章《儒学教官与明代社会》，探讨教官的建立、兴学、典试，及与社会、教化的关系；第四章《儒学教官与明代教育》，分论教官的规条、权责、教学、成效；第五章《儒学教官与明代学术》，论述教官的交游，及教官与理学、经学、文史的关系；第六章《结论》。此外，还附录了八张表、八幅图。我以为其中的《明代儒学教官子部著述表》，及经部、集部、史部、四部著述表，颇费稽考，甚见功力。

通过上述对《明代儒学教官》目录的介绍，我们即不难想见此书的学术价值。我在细读全书后，确实有耳目一新之感。

明代儒学教官的材料，虽在明代史料中俯拾即是，但非常零碎、分散，宛如成千上万枚铜钱，散落在实录、文集、野史、方志等史乘中，要想把它一一捡起来，非花大力气不可。吴智和先生甘坐冷板凳，费数年之力，从大量史籍中耐心搜求，终于把"铜钱"集中在一起。这种认真、严谨的学风，与时下某些或满纸腾云驾雾，充斥空话、时髦话，或随意顺手牵羊，用二手、三手资料敷衍成篇的所谓著作，形成鲜明的对比，应使后者汗颜。

实证是史学研究的基础。不首先在史料上辛勤耕耘，就不可能有像样的收获。我们从此书每一页的注释及书末所附征引书目中，都不难看出吴先生在史料上所下的苦功。

满地铜钱，倘不用绳子穿起来，仍不过是一堆散钱而已。吴先生著《明代的儒学教官》，穿"铜钱"的身手不凡。我以为，这得力于他的整体感、现实感。

儒学教官，在明代教育史上，是一个具体问题。倘就事论事，讲清楚儒学教官的来龙去脉，无论是写一篇论文，写一本小册子，自然也是一份成绩。但吴先生不止于此。事实上，他是把儒学教官作为切入点，面对整个明代的教育，甚至于明代的政治、学术、文化。因此透过吴先生探讨的儒学教官这个窗口，使我们看到了明代政治、文化、学术、教育的若干侧面，及种种动向。这就使儒学教官这个局部，完全溶入广义的明朝大文化的整体，从而使儒学教官的研究，更富有学术价值：提高了广度，加强了深度。

史学研究，要不要为现实服务？这在国内外、海内外史学界，是一直有争议的。我向来主张，史学家应当有忧患意识，史学著作应当有现实感；严格地说，为史学而史学的著作，恐怕也不会有。在台湾史学界，有些史家是注意史学的应世作用，也就是为现实服务的。

吴先生在本书的《绪言》中，开宗明义即写道："古今教育的问题，影响一代的政治、社会、文化等层面至为弘远，不容忽视。”又说：“内人任教于地方学校有年，平日所教所言，皆不外地方教育问题，遂使我更关心于有关现今的教育，尤其是地方基层教育种种。一个时代的教育成败，取决于基层的地方教育是否落实。……审古所依知今，此为本书撰写的第二层面研究动机。”显然，吴先生是期望本书能起到应世作用的。

当然，有司、为政者，如何看待此书的学术成果，那是他们的事。但尽人皆知，我国近三百年为什么落后挨打？重要原因之一，从宋而明而清直至民国，我国的教育制度太落后。

读了本书，明代教育之弊端症结所在，我们便一目了然。这就起到了应世作用。

每见域外、海外某些研究中国的史学著作，写了洋洋洒洒一大部后，无结论，不知其研究目的何在，事实上，还停留在史料编纂学阶段。原因之一，恐怕就在于他们研究写作时，缺乏吴先生那样应世的目的性。我想，这也正是吴先生这本力作的虎虎生气之所在。

吴先生正当壮年，治学勤勉，笔耕不辍。我们有理由期待他写出更多、更好的史学著作来，包括《明朝教育史》这部大书。

（《中国史研究》1992年第2期）

防骗奇书：《杜骗新书》

德国的大哲学家黑格尔曾经说过：人与人之差，甚于人与猿之差。看来，只要有人类的地方，不管是什么样的社会制度，总会有大大小小、形形色色的骗子活动着，以及上上下下、多数可怜而值得同情，少数并不可怜因而不值得同情的受骗上当者。社会前进的脚步，总是伴随着正、反、合的节拍。有正必有邪，有邪必有正；一种思想存在，必有另一种相反的思想产生，与之对立。因此，既有骗人之术危害社会，必有防骗之术净化社会。

好多年前，我就曾经想过，我国的古书汗牛充栋，甚至连强盗、骗子都写过专书，如明朝万历年间江南的大盗邱老四，就写过强盗经《胠箧秘诀》，某些文人称之为《暴客阴符经》。（见明人徐复祚《花当阁丛谈》卷七）一定会有有识之士，写过揭穿骗子伎俩、擦亮人们眼睛，防止上当、杜绝骗术的书。

后来从一些书目上，果然看到有一本，叫《鼎刻江湖历览杜骗新书》，计四卷，题作清朝人张应俞撰，日本昭和五十年，京都大学人文科学研究所曾用东京内阁文库藏存仁堂陈怀轩刊本影印。而同书又有更早的版本，名《江湖历览杜骗新书》，仅一卷，也题作清人张应俞撰，由五濑黾贞训译，文政元年皇都书林菱屋孙兵卫刊行。（见《京都大学人文科学研究所汉籍目录》）可是，我一直没有机会读到这本书。

我查了国内的一些大图书馆的藏书目录，并请友人杨志清先生代查，迄无结果。但是，真可谓踏破铁鞋无觅处，得来全不费工夫。

去年秋天，美国加州大学研究中国历史的万志英副教授（Richard Von Glahn）来访，交谈中，说起我正在写作《明代商业文化初探》的长篇学术论文，论文虽已写完，但感到对明朝骗子危害商业的行径揭露不够时，他微笑着，从旅行包中取出一本复印本的书，顿使我眼睛一亮，原来正是《杜骗新书》！而全称则是《新刻江湖历览杜骗新书》，题作浙江夔衷张应俞撰。

这位碧眼、大胡子的万博士，曾多次到日本、台湾看书。他告诉我，他曾在东京大学东方文化研究所看到万历刻本的《杜骗新书》，那么作者当然是明朝人，而不是清朝人。蒙万博士慨允，我将此书复印，快读一遍，不时发出会心的微笑。可以毫不夸张地说，此书真让人拍案称奇！

奇在何处？

奇就奇在，《杜骗新书》形象、真实地反映了明朝中叶后光怪陆离的骗子，及五花八门的骗人勾当。随着社会经济的发展，商品流通日趋活跃，明朝到了正德、嘉靖、万历时期，人们的商业活动参与意识，普遍大为提高，上从皇帝、宦官、大臣，下到士兵、百姓，都积极经商，世人遇到一件物品，开口就是："有便宜的吗？"当时有位姓沈的书生曾不胜感慨地说："汝家要便宜，却不顾这家失便宜。"（见明人丁元薦：《西山日记》卷下）

大家都想"占便宜"的结果，导致更多的人离乡背井，投入走南闯北的商业大军的行列。另一方面，应运而生，社会上形成一支庞大的江湖客，如侠客、光棍、游方光棍、游咀光棍（大体类似今日流氓、混混）、骗子、乞丐群落、小偷、强盗、三姑六婆，等等。他们中的绝大多数人，用各种不正当的手段谋生，其中危害最大的，是出没江湖，随处可见，披着各种外衣，有多种面孔的骗子。所谓："我家田地在江湖，不用耕兮不用锄，说话未完苗已秀，再谈几句便收租。"（见《江湖切要》卷首诗。按：此书成书于康熙初年，记载的大多数为明朝江湖黑话，小部分是清朝江湖黑话。）简直就是这些骗子的江湖宣言。你看，不耕不锄，话还没完苗已长成，再谈几句，田租居然已经到手！

这种专做无本生意的江湖耕耘客，除了一个骗字外，哪里还有其他。他们的种种鬼蜮伎俩，不仅使很多人——特别是那些初涉江湖，社会阅历太少的人上当受骗，更毒化了社会，使流氓意识恶性膨胀，在各个阶层蔓延。

《杜骗新书》，虽然全书仅三卷，却按照骗子的行为方式分成二十四个门类，即脱剥骗、丢包骗、换银骗、诈哄骗、伪交骗、牙行骗、引赌骗、露财骗、谋财骗、盗劫骗、强抢骗、在船骗、诗词骗、假银骗、衙役骗、婚娶骗、奸情骗、妇人骗、拐带骗、买学骗、僧道骗、炼丹骗、法术骗、引嫖骗，真是洋洋大观，把骗子们一个个揪到阳光下示众，使其原形毕露。

值得注意的是，本书在书目上列为小说类，而古代小说的概念，比今天杂泛得多。严格地说，本书类似今天的法制纪实文学，或法律故事汇编，以后者更近似。

书中所述，并非张应俞凭空杜撰，都是有事实根据的。看来，这些故事的来源有二：一是社会新闻，二是文献（包括文集、笔记、邸报等）。书中所说的一些人和事，今天我们还能找出原始记载。

如卷二写唐伯虎、祝枝山等至扬州骗盐使的钱，见于《自醉巢言》等书，文字也基本相同。

又如紧接这则故事的，是陈全骗妓的故事，陈全虽然并非大名人，但也是实有其人的。此公是南京人，很聪敏，喜欢浪游。有一天他误入禁地，被太监抓住，陈全跪下说："小人是陈全，祈公公见饶。"太监听说陈全很会说笑话，便说："你可以说个一个字的笑话，如果能让我笑，方才放你。"陈全立即说："屁。"太监说："这是什么意思？"陈全答道："放也由公公，不放也由公公。"太监听后哈哈大笑，便把他放了。（见明人冰华生，即江进之《雪涛小书》。）显然，本书关于陈全骗妓的故事，不会是空穴来风。

十分难得的是，本书的每则故事后面，都附有张应俞写的评论。他用朴实无华的笔墨，分析这则故事中骗子所用的手法，以及被骗者应当吸取的教训。他告诫世人要谨防上当受骗的拳拳之心，真是溢于言表。

还应指出的是，本书对研究明代社会生活史、经济史，尤其是明代商业史，具有很高的史料价值。书中对牙行的经营方式、各种物价的记载、各地——特别是南方的贸易情形等，应当引起学者们的重视。

我的同事许敏女士是研究明朝铺户的，看了本书，喜出望外，抄了不少卡片，本书的学术价值，可见一斑。

令人遗憾的是，本书撰者张应俞的生平，还有待详细考证。他是浙江何处人？夔衷是何地？我曾请教专攻历史地理学的专家、学者，但至今还没有答案。从本书的各条评论可以看出，张应俞是怀有正义感，并有强烈社会责任心的下层知识分子。他憎恨贪官污吏，同情小民百姓，而对江湖骗术，深恶痛绝。他既不信鬼神，也不信歪门邪道。从全书看来，尽管他不断揭露骗术，及与之相关的各种丑恶行为，但他的情操是高尚的，并不采取自然主义的手法，去津津乐道犯罪细节，对淫秽行为绘声绘影。因此，用今天的话说，张应俞笔下不涉黄。

明中叶后，统治阶级上层人欲横流，淫乱不堪，社会风气腐败，对比之下，张应俞真可谓众醉独醒，出污泥而不染了。也正因为如此，他写的这本书，才会成为严肃的、有益于世道人心的好书。

当然，作为古代文化载体的古书，毕竟是古代特定时期的产物，即使是一本好书，就像今天我们打捞起古代的沉船一样，尽管装满财宝，但也难免夹有泥沙。本书中的《尼姑撒珠为奸媒》的故事，今天看来就不大适合再向读者推荐。

骗子自古有，于今为烈。近几年来，伴随着商品经济的发展，历史上的沉滓重又泛起，形成一大批新的江湖客，用各种骗术，上坑国家，下坑百姓。但是，尽管他们的欺骗活动的内容，与几百年前有所不同，但大体而言，手法却是一脉相承的，无非是“黑漆漆装下了陷人坑，响当当直说出瞒天谎”。因此，希望国内出版家能将此书重梓问世，这对于我们识别今天的江湖骗子，无疑是有很好的借鉴作用的。

1992年5月6日于京西八角村

《新“三言”“二拍”》序

鲁迅笔下的世界名人阿Q老先生（按：如果阿Q仍健在，该有一百多岁了，故尊曰老），在未庄生于斯，长于斯，用时下时髦的话来说，备受未庄文化圈的洗礼，后来偶得机会进了三回城，发现城里有种种可笑处，如“油煎大头鱼，未庄都加上半寸长的葱叶，城里却加上切细的葱丝”，他在拍案惊奇之余，“想：这也是错的，可笑！”（《阿Q正传·第一章序》）其实，不过是老Q先生少见多怪罢了。这种事是常有的，比阿Q大几辈的村妪刘姥姥，进了大观园，五光十色，眼花缭乱，屡屡大惊，舌头几乎伸出一尺长！

这里，笔者没有对阿Q、刘姥姥二位老人家有丝毫不敬之意，只是说一种社会现象。其实，早在三百多年前，大作家凌濛初（1580—1644）先生，就注意到了。他在其名著《拍案惊奇》的序中说：“语有之：‘少所见，多所怪。’今之人但知耳目之外牛鬼蛇神之为奇，而不知耳目之内日用起居，其为谲诡幻怪非可以常理测者固多也。”这话太对了！大千世界，气象万千，社会生活，复杂多变，真是人海风波千丈，世相无奇不有。而普通百姓，囿于一隅，每天只看见自家及邻居开门七件事：柴、米、油、盐、酱、醋、茶，至多从电视、报刊上，得到一些新闻、故事，但比起实际现实生活来，只能是吉光片羽，九牛一毛。

即以我而论，虽年纪一把，端的是吃古人饭的饭碗——研究历史，虽不敢说“皓首穷经”，但大部分时间，都是终日埋首书堆，在史海里沉浮。尽管像阿Q进过三回县城一样，我也偶得机会，三次去过海外，但仍脱离现实生活太远，深感孤陋寡闻。

今年春天，我在新古城漫步，走过石景山区司法局的宣传栏，在“警世通言”的大标题下，看到了社会生活中一些光怪陆离的事实：车祸、赌博、斗殴、偷盗……老实说，这些犯罪现象，司空见惯，没有什么新鲜的，但那“警世通言”四个大字，却使我眼睛一亮，顿有所悟，想起了明末的大文学家冯梦龙（1574—1646）先生及其名著“三言”：《喻世明言》《警世通言》《醒世恒言》，及凌濛初编著的“二拍”：《初刻拍案惊奇》《二刻拍案惊奇》。

三百多年来，这套话本历久不衰，论其畅销程度，几乎和《三国演义》《水浒》平分秋色。何以故？其中的一个重要原因，是在于这套通常被视为小说的话本，有近五分之一的篇幅，是根据明朝发生的真人真事改编的，是明朝的纪实文学，以毋庸置疑的真实性，多层面、多角度地展示了明朝社会各个角落发生的悲喜剧，震撼着读者的心灵。这部带有明朝社会档案色彩的大书，不仅极有可读性，也是学者们认识明朝社会的重要依据。

我历来主张文史结合，史学家应当“今古一线牵”。在治史之余，终于编成这套《新编“三言”“二拍”丛书》。请注意，我说的是新编，而不是续编。我约请了几位朋友，用史料编纂学的方法，将最近七八年来报刊上引人入胜、拍案称奇的报道、纪实文学、典型案例等精选、分类、综合，并作了不同程度的改编，加上读者喜闻乐见的章回小说的标题，意在“旧瓶装新酒”“重翻杨柳枝”。在每一回书后面，都有我写的评论。因家住石景山，故曰“石景山人”。我是个粗人，平生难得几回雅，这次也算附庸风雅一回：在《二十年目睹之怪现状》作者“我佛山人”身后东施效颦。我写的评论，完全是漫评：想到哪，说到哪，无非是发感慨，抒愤懑，一会哭，一会笑，东扯西拉，南腔北调。岂敢对读者“谆谆教导”，不过是斥恶扬善，劝人积德。需要说明的是，《新编喻世明言》中有七则评论是才女李颖同志写的，真是“巾帼不让须眉”。

要特别感谢收入本书各回故事的原作者们，没有他们的辛勤创作，本书也就成了无源之水，无本之木。不敢掠美，每回书后都已注明他们的大名、发表的时间及报刊名称。当然，就不才而论，仍深感“拙夫难为有米之炊”。编辑此书，我足足花了三个半月时间，但未尽如人意处仍然不少。除了《新编拍案惊奇》（二）外，所有的章回标题都是我加的，而我对联语、音韵，都是外行，虽挖空心思，却是“赶鸭子上树”，举步维艰，可想而知。只求三分形似，如此而已！

自信这部书不仅富有可读性，可供读者消遣、谈助，给感到太淡的嘴巴，送去干净的盐。而且为今人及后人认识当代中国社会，提供一份相当完备、真实的形象化资料。是否如此？自有今人、后人评说。

切勿当做小说看！本书的每一回，都写的是真人真事。只是有些人物因为可以理解的原因，原作发表时，即用了代号或假名。

此刻，遥望窗外，天色如铅，阴霾沉沉，暴风雪即将来临。回想前几天晚上，还是皓月当空，清辉满地。这就是“天有不测风云，人有旦夕祸福”。我衷心祝福：风雪之后绽春蕾，人间花好月常圆！

1992年11月18日于京西八角村

（《新编“三言”“二拍”丛书》，中国社会科学出版社，

1993年4月版。笔者任主编，署名屠地。）

十年辛苦非寻常

莫道皇帝均已矣，史家依然费评量。两千多年间，中国的三百多个皇帝，以其至高无上的君权，主宰着赤县神州，亿万黎民。因此，评价中国历史，倘若游离于历代皇帝之外，肯定近似痴人说梦。自古以来，说皇帝者多矣。远的不说，即以辛亥革命前后至今的八十多年而论，相关的论文、著作，读不胜读。如易白沙的《帝王春秋》、吴晗的《朱元璋传》、庄练的《中国历史上最具特色的皇帝》，都是很有影响的著作。

但是，回顾现代史学史，就可以发现对皇帝的研究，存在两大问题：一是在不少著述中对皇帝不是骂，就是捧，而无论捧与骂，都暗藏着现实的靶子，这从辛亥年间、抗战前后、粉碎“四人帮”前后的作品中，显示得最为充分。这些作品，有的虽然在当时的特定时期，起过有益作用，如《帝王春秋》对清算袁世凯的复辟罪行，即产生过巨大影响。但是，此类著作，对于皇帝的评价，显然有失全面、客观公正，离科学理性的审判台，还相距甚远。二是对皇帝的研究，大体仍停留在传记阶段，而且在方法论上，基本没有越出传统史学的范畴。因而由此产

生的弊端，也就不可避免：只见树木，不见森林。中国皇帝到底是如何产生、发展、消亡的？皇帝制度的功与过、对现实的影响究竟若何？如此等等，如果不把史学与政治学紧密结合起来，是难以回答这些问题的。最近，天津人民出版社出版的白钢的新著《中国皇帝》，正是应运而生，把史学与政治学有机结合、独树一帜的成功著作。无论在国内外的史学界还是政治学界，白钢是第一个用政治文化的眼光系统审视中国皇帝的学者。

白钢文思泉涌，运笔如飞，大作不断。但写《中国皇帝》，从酝酿到定稿，却花了十年时间。真是十年辛苦非寻常！前五年，他着重研究了中国皇帝产生的土壤，也就是封建专制主义的经济基础，及在这个基础上地主阶级与农民阶级的矛盾运动，和皇权的关系等；后五年“跳槽”改攻政治学，白钢以其勤奋不辍与很好的悟性，逐渐步入政治学堂奥，并回过头来深化对中国皇帝的研究，真乃“欲穷千里目，更上一层楼”。站在政治学的山巅，遥望历代皇帝，结果当然是气象万千。

口说无凭，有书为证。请看《中国皇帝》的结构。全书虽未标出章节，但分别探讨了皇帝的产生及其形态；中国皇帝的类型；皇权的发展阶段、范围与限度；皇帝决策的依据、程序与特点；皇帝权力的异化（上、下篇）；专制主义、中央集权与官僚政治；皇帝与封建特权；皇帝制度下的文化政策；皇帝制度与封建宗法关系，封建专制主义的经济基础；皇帝与农民；结语（封建专制主义的负面影响）等13个问题。一望而知，这样的逻辑架构，是前人论述皇帝的著作从来没有出现过的。而且，我认为，研究中国皇帝的根本性问题，也正是这一些，由此不难看出本书的广度与深度。

我常对青年朋友说，文学是天马行空，史学是步步为营。白钢在《中国皇帝》中，显然也是步步为营。他不仅阅读了大量的史料，并广泛吸取了国内外学人的研究成果。因此，在这部45万字的大著中，没有空话废话，也没有一句非理性的文字。一个个皇帝迎面走来，千万种历史现象潮水般退去，白钢只有沉思，而无个人好恶，他的研究纯粹是理性的研究，多余的义愤、美化、贬低，根本与他无缘，也就是与本书无缘。

皇帝说不尽，研究无止境。但《中国皇帝》这部书，是面貌一新的著作，值得学术界刮目相看。书评再好也不如书好。谓予不信，请君一读，自能识之。

1993年11月21日京西八角村

读古人临终诗词

常言道：人之将死，其言也善。这话大体是不错的。说是大体，是指多数人而言。少数江洋大盗、流氓头子，在被杀头或枪决前，依然恶言恶声，即使是重弹的此辈祖传老调“二十年后又是一条好汉”，也无半点“放下屠刀，立地成佛”的气息。他们多数不识字，自然与诗词绝缘。

古往今来，形形色色人物的临终诗词，为数不少，颇可从中窥见各人之心态。

北宋权奸蔡京（1047—1126），勾结大宦官童贯，倒行逆施，时称“六贼”之首。百姓恨之入骨，当时有歌谣道路相传：“打破筒（童），泼了菜（蔡），便有人间好世界。”金兵攻宋时，他率全家逃难，被钦宗放逐至岭南。途中百姓闻知其名，拒绝售饮食，并痛斥、诟骂。蔡京在轿中长叹道：“京失人心，一至于此。”抵潭州（今长沙），作词曰：“八十一年住世，四千里外无家。如今流落向天涯，梦到瑶池阙下。玉殿五回命相，彤庭几度宣麻。止因贪此恋荣华，便有如今事也！”（宋·王明清：《挥尘后录》卷8）后数日，蔡京即一命呜呼，此词自应被视为临终绝笔。词的最后两句，尤其是一个“贪”字，可谓点到问题实质；但亦不出自怨自艾范围，对其祸国殃民之罪行，并无反省之意。就此而论，此老至死，仍冥顽不化。

明代洪武中刑部尚书杨靖（1360—1397），是颇具才干的政治家，连朱元璋也夸奖他“千金之珠卒然而至，略不动心，有过人之智，应变之才”（《明史》卷138）。但后来仅因替乡人代改诉冤状草，即被朱元璋赐死，年仅38岁。杨靖临难之日，作绝命词曰：“可惜跌破了照世界的轩辕镜，可惜颠折了无私曲的量天秤，可惜吹熄了一盏须弥有道灯，可惜陨碎了龙凤冠中白玉簪。三时三刻休，前世前缘定。”（清·阮葵生：《茶余客话》卷11）顾影自怜，哀叹大才不永，忠而获咎，“一寸葵花向日倾”，令人嗟伤。“伴君如伴虎”，此语浸透多少忠良、国家栋梁的血泪！

晚明松江名士陈眉公（1558—1639），山人气味太浓，是有争议人物。清初剧作家蒋士铨（1725—1784）所作《临川梦》院本内，有《隐奸》一出，出场诗纯属讥刺眉公，曰：“妆点山林大架子，附庸风雅小名家。终南捷径无心走，处士虚声尽力夸。獭祭诗书充著作，蝇营钟鼎润烟霞。翩然一只云间鹤，飞来飞去宰相衙。”近乎丑诋，显属过分。但就眉公临终手书影堂一联及诀别诗观之，毕竟非等闲之辈。联语曰：“启予足，启予手，八十岁履薄临深；不怨天，不尤人，千百年鸢飞鱼跃。”这是何等开阔的胸襟！遗诗嘱诸子曰：“内哭外哭，形神斯惑。请将珠泪，弹向花木。香国去来，无怖无促。读书为善，终身不辱。戒尔子孙，守我遗嘱。”真个是视死如归，全以平常心待之，正如清初学者王应奎（1683—1759）所指出的那样：“先生于去来之际从容如此，虽学问不无可议，而其人固不易及也。”（《柳南随笔》卷1）

大名鼎鼎的苏州才子唐伯虎（1470—1523）的绝笔诗，别有情趣：“生在阳间有散场，死归地府也何妨？阳间地府俱相似，只当漂流在异乡。”（《唐伯虎全集》卷3）这“阳间地府俱相似”七个大字，可圈可点，含义深广。其实，幽幽地府何在？即在人的心中；阴间不过是人造的幻影，阳间的翻版而已。而清初褚人获《坚瓠癸集》卷2载四，明倪君奭临终所赋的《夜行船》词，则令人读来忍俊不禁："年少疏狂今已老，筵席散、杂剧打了。生向空来，死从空去，有何喜、有何烦恼？说与无常二鬼道：福亦不作，祸亦不造，地狱阎王，天堂玉帝，看你去、那里押到？"如此大彻大悟，世人中能有几人哉！

不才拟将古今各色人等的临终诗词，汇集成册，取名《西出阳关无故人》，未知出版界有愿付梓者乎？

1993年12月12日于八角村

藏书泪

俄国文豪高尔基曾谓："书籍是人类进步的阶梯。"但古往今来，茫茫人海中，插架满林，甚至坐拥书城者，固然是少数。等而下之者，虽室有藏书，却不研读，纯粹当摆设，充斯文，阶梯意义尽失。

明中叶关西文人胡侍指出："关中非无积书之家，往往束置庋阁以饱蠹鱼，既不触目，又不假人，至有畀之灶下以代薪蒸者。余每自恨不及蠹鱼也！"（《墅谈》）痛心疾首，令人扼腕。而有的学者之藏书诗，读来更使人感慨不已。"读书藏书，守之弗失。三千部居，不许借出。"这是嘉庆丙辰元年（1796）钤于崇祯版《音学五书》封里之朱色印文，不失为小诗。虽说"不许借出"，未免自私太甚，但藏书者对书之宝爱，不难想见。不过，曾几何时，这位"入学室"主人的三千部藏书，早已风流云散。晚明绍兴祁承㸁氏澹生堂藏书之富，声名远播。祁氏特镌藏书铭一印，其文曰："澹生堂中储经籍，主人手校无朝夕。读之欣然忘饮食，典衣市书恒不给。后人但念阿翁癖，子孙益之守弗失。"其心可悯。但也是枉然。后人有得祁氏藏书者，有感于此，乃作诗谓："阿翁铭识墨犹新，大担任舯换直银。说与痴儿休笑倒，难寻几世好书人。"

（清·徐乃秋：《风月谈余录》卷一）真是伤心悟道之言。

嘉靖时苏州文士杨循吉所作"题书橱上"诗，回顾购书之艰难，藏书之辛劳，视书为命，奈何家人不知爱惜，真是一把藏书泪，满纸辛酸言。诗曰："吾家本市人，南濠居百年。自我始为士，家无一简编。辛勤一十载，购求心颇专。小者虽未备，大者亦略全。经史及子集，无非前古传。一一红纸装，辛苦手自穿。当怒读则喜，当病读则痊。恃此用为命，纵横堆满前。当时作书者，非圣必大贤。岂但开卷看，抚弄亦欣然。奈何家人愚，心惟财货先。坠地不肯拾，坏烂无与怜。尽吾一生已，死不留一篇。朋友有读者，悉当相奉捐。胜过不肖子，持去将鬻钱！"（清·钱谦益：《列朝诗集》丙六）令人不忍卒读。不过，杨老先生愿意将全部书籍白送给愿读书的朋友，从而发挥书的应有作用，难能可贵，堪称是大彻大悟。试想，书无读者，进步阶梯云云，又何从体现？前辈史学大师梁启超、顾颉刚、谢国桢等，临终前漫捏藏书泪，将书献国家，俾读者，翻检在明窗下，从而走出古代藏书家的悲剧氛围。这是应当受到今世、后世缅怀并效法的。

1994年7月13日于八角村

书神之吼

在承平时期，国人一向视书为圣物，敬之不暇。凡圣物最易神化，故书有书神，而旧时书商均供奉文昌帝君，大概认为这位司天下文教之命的尊神，直接领导书坊，自有许多方便处。不才儿时，即闻诸老人言，书神庄严，令人敬畏。惜肉眼凡胎，至今未能一睹法相。不过，稽诸史籍，有关书神的记载倒是历历在目，并发人深省。

明清之际的钱谦益是个学者，也是个藏书家。但顺治七年（1650）

冬，绛云楼的一场大火，将他多年购得的宋元刊本，尽付劫灰。查慎行《人海记》谓："绛云楼火作，见朱衣人无数，出入烟焰中，只字不存。"这个"朱衣人"，与其说是火神祝融的部下，还不如说是书神麾下的兵丁。何以故？读了下文，自然明白。

明末郑仲夔《耳新》卷六谓："秦进士廷丞嗜学，每困场屋，因感愤，欲取平日所读书悉焚之。方简书，书忽作吼声，遂不复焚，攻苦如故。明年举于乡，又明年成进士。""书忽作吼声"，颇堪玩味。分明是面对因屡遭挫折便感绝望、公然企图烧书的懦儒，书神愤怒了，大吼一声，以警冥顽不学。

更耐人寻味的是，清初沈起凤《谐铎》卷十一谓：南京城钞库街有户人家的儿子某，他家世代读书，到了他这一代，因读书不能致富，便"下海"经商，将书本弃如敝帚。想不到一天夜里有个朱履方巾者自床后踱出，愤怒地说："予书神也！自流寓汝家，蒙尔祖尔父，颇加青盼。不意留传至汝……为钱奴束缚，使予意气不扬，若不早脱腰缠，则铜臭逼人，斯文沦丧，祸将及汝。莫悔！莫悔！"言毕而逝。某急起，秉烛四照，只有破书数卷，以钱串捆缚，弃置床头，恨书为祟，取火焚之。想不到烈焰起处，房屋、财产"回首相看已成灰"，后竟以贫死。显然，此乃书神又一次怒吼也。

由此不难看出，钱谦益有钱、有势、有书，但缺德，丧失民族气节，故"读尽诗书也枉然"，终遭书神严惩，落得个"纸船明烛照天烧"。当然，区区钱谦益又何足道哉。值得我们深思的，是那种厌学欲烧书，特别是"铜臭逼人，斯文沦丧"的现象。书神何在？与一切神一样，自然纯属子虚乌有。神话，归根结底，是拐了弯的人话。其中透露出的信息一目了然：不读书，相信知识无用论，迟早必遭惩罚。眼下铜臭熏得时人醉，大量青少年弃学、失学，新华书店改成服装店、火锅城，安得有"书神"发雷霆之怒，连连大吼，振聋发聩，不亦快哉！

1994年12月9日于京西

藏书百态

古来藏书家多矣。固然，有一点他们是共同的，这便是：有钱。试想，早在明朝，宋版书就已按页论银子多少，若非腰缠万贯，又岂敢问津？即使普通一部线装书，也绝非升斗细民所能拥有。因此，藏书家均富家。虽说有大富、小富之别，但是，人性的差别，本来就大于人与猿之别，藏书家的心态，自然也因人而异，大不相同。

清初大学者钱大昕在其名著《廿二史考异》卷首，自题像赞曰："官登四品，不为不达；岁开七秩，不为不年；插架图籍，不为不富；研思经史，不为不勤；因病得闲，因拙得安；亦仕亦隐，天之幸民。"

此赞固然写出钱老先生亦宦、亦儒、亦隐的本色，优哉游哉，踌躇满志。但是，个中也不难看出作为一名学者、藏书家的恬淡心情。"插架图籍，不为不富"，他并不刻意追求藏书之多，有若干架书，就心满意足了，藏书纯粹是为了著书。他著述宏富，即使是今天，其《潜研堂全书》，特别是《廿二史考异》《十驾斋养新录》，仍然是文史学者的必读书。我以为，在古代藏书家中，钱大昕的心理状态是最健康的。

有相当一部分藏书家，将书视为金银财宝，想传之子孙，永葆永享。有的在家规中明文规定，凡子孙有将书出借、出售者，革出族门；有的在书上钤上印文：不准借出，违者非我子孙。真个是白纸红字，煌煌如也，一点也不觉得寒碜！一副守财奴的嘴脸，也就随之跃然纸上。此等土财主心态，实在有辱斯文，玷污了藏书。其实，他们哪里懂得，跟"百年土地转三转"一样，藏书家很少能将书传之百年的。

无怪乎不著撰人的《自然集》中有一曲"倘秀才"曰："有一等积书与子孙，未必尽收。有一等积金与子孙，未必尽守。我劝你莫与儿孙作马牛。今日个云生山势巧，来日个霜降水痕收。怎敖得他乌飞兔走！"

看来，《四库全书》的总纂纪昀是深悟此道的，他曾说：我死后，藏书散落人间，有人看后，很欣赏地说，这是纪晓岚旧物，也是个佳话，有什么好遗憾的？——看，文达公是何等的旷达！现在也有人想当文达第二或第三、第四，干一番千古不朽的大事，道德文章姑且不论，试问诸公有此心胸否？不才心窃疑焉。

管窥所及，有两个藏书家的心态，实在奇特。

一个是钱谦益。他在《跋宋版汉书》文中说："此书去我之日，殊难为怀；李后主去国，听教坊杂曲'挥泪对宫娥'一段凄凉景色，约略相似。"亡了一本宋版书，心情竟与李后主亡国相似，此话出诸钱贰臣之口，实在让人不敢恭维：书竟比江山贵重。须知明朝灭亡了，他倒无所谓，第一个在江南扯起降清破旗。

另一位是文学家夏丏尊先生。他在《平屋杂文·我之于书》文中写道："我常自比为古时的皇帝，而把插在架上的书，譬诸列屋而居的宫女。"蠢笨如我，连梦见"红袖添香夜读书"都不免受宠若惊，诚惶诚恐。而夏老夫子竟视藏书如皇帝视宫女，随时可以享用，这是何等气魄！前辈风流，足令我等后生小子感到惭愧二字的分量。

1994年12月11日于八角村

《逃难记》逃难记

作为一介书生，我的几千册藏书，皆常用书，当然不会有珍本秘笈。不过，居然也有一本称得上是海内孤本，这就是《逃难记》。这是30年前金山县松隐乡的农民薛晋余送给我的。薛晋余当时担任周家浜生产队的记工员，业余暗中唱"太保书"（按：一种迷信职业，明清时即盛行于江南）。通过"四清运动"，他认为唱"太保书"是骗人，于是将这本“太保书”赠我作纪念。

展读之下，此书乃唱本，七个字一句，全书合计782句，5400多字。书中虽偶有因果报应的字句，但全篇内容则叙述的是1937年“八·一三”淞沪之战后，上海难民为躲避日寇的轰炸、杀戮，四处逃难的情景。小民百姓在逃难路上的流离颠沛、生离死别，日寇杀人放火的法西斯暴行，人民的抗日斗争等，都有所揭露、控诉与记述。因此，我将这本由薛晋余在1940年3月用毛笔手抄的“太保书”，定名为《逃难记》，准备以后抽暇整理，作为抗战史料发表。我对此书怀有特殊的感情。事实上，我正是在苏州出生后不久，由母亲抱着，随着难民，从江南逃亡到江北的。儿时常听母亲诉说起“离乱人不及太平犬”的痛苦经历。再说，此书薛晋余已保存了24年，很不容易。但我做梦也没有想到，仅仅一年后，在和平的日子里，这本《逃难记》却又跟着我逃来逃去，度尽劫波。

“文化大革命”中我曾多次被抄家，资料、书稿荡然无存。但《逃难记》先是由刘济民学兄保存，总算躲过了第一次抄家。后来，书又回到我手中，想不到不久我却连遭大厄，抄家成了家常便饭。有一次，抄家的“工宣队”头目翻出此书，说：这是什么书？我说这是抗战史料，是一位贫下中农送给我的。

那个年头，最时髦的流行口号之一是“工人阶级与贫下中农心连心”，也许此公认为既然是他们“心”上人送我的，当然不是坏书，终于没有拿走。

1990年春天，我忽然想起这年的9月3日，是抗战胜利45周年。作为炎黄子孙，岂能忘记当年日本法西斯带给中国人民的深重灾难？于是，我花了几天时间，将此书整理一遍，重新抄录，改正错别字，注出上海、苏北难懂的方言，并写了跋文《太保书中的抗战史料》，复印后，先后寄给台湾某史学月刊、上海某通俗文化杂志，竟然如石沉大海；愤慨之余，又寄给南方我所熟悉的某史学刊物，结果是一位编辑很客气地给我写来退稿信，说与他们的刊物性质不合。真是夫复何言！十多年来，我发表过很多文章，而介绍《逃难记》的这一篇，却只能是“逃来逃去吸北风”，最后只好塞进去年出版的《老牛堂随笔》中。我不禁掷笔长吁：先生们，莫非你们如俗话所说，“好了疮疤忘了疼”，把那页浸透血泪的屈辱史，早已淡忘了？

若然，这是危险的。捷克的民族英雄伏契克在名著《绞刑架下的报告》结尾用生命告诫世人：“人们，我是爱你们的，但你们可要警惕呵！”——我以为，今天最值得我们警惕的是，在相当一部分人的心目中，中华民族的民族意识在模糊、淡漠。强化民族意识，深化爱国主义教育，是其时矣。

1995年元月4日于芳星园

奇书一瞥

时下书摊上，常见有的书赫然印上“奇书”两个大字；有的书更被特制成彩色海报，大书“千古奇书，不可不看”之类字眼，让你心跳。但，一看书的内容，不对了，平淡无奇，味同嚼蜡。此辈之所以一再标出“奇书”云云，如同明朝一首小曲所形容的那样，不过是“一个个兔赶獐，一个个卖狗悬羊”而已。

当然，此类等而下之的书贾制造的奇特文化现象，决不等于说天下无奇书。管窥所及，就有好多种，现略举三种，聊备一格。

《胠箧秘诀》：又称《暴客阴符经》，明代万历年间江南大盗邱老四著。据明末学者徐复祚《花当阁丛谈》卷七记载，邱老四在江南作恶多端，后栖身江阴，白天佯为双瞽，为人算命，人皆不识其庐山真面目，夜则聚伙行劫。此盗从未失手，并安享天年，固然狡猾可想而知，但更重要的是，看来他很善于总结经验，并写出上述专书。这是一本道道地地的强盗经。可惜此书已佚，要不然很值得认真研究，以便以毒攻毒。

《杜骗新书》：本书的全称是《新刻江湖历览杜骗新书》，明万历浙江夔衷张应俞撰。夔衷是何地？我请专攻历史地理的专家查考，无结果。张应俞的生平也不得而知。此书原有万历刻本，国内极罕见，但在日本却很流行。三年前，我偶得此书复印本，曾策划整理重印，惜未果。所幸不久百花文艺出版社出版了孟昭连整理的《江湖奇闻杜骗新书》，现在我们读来就很方便了。本书奇就奇在：形象、真实地揭露了明朝中叶后光怪陆离的骗子及五花八门的骗人勾当。全书按照骗子的行为方式，分成24个门类，即脱剥骗、丢包骗、换银骗、诈哄骗、伪交骗、牙行骗、引赌骗、假银骗、妇人骗等等，真是洋洋大观，把骗子一个个揪到您面前示众。更难能可贵的是，张应俞在每则故事后面，均写有评论，分析骗子的所用手法，以及被骗者应当吸取的教训。此书与《胠箧秘诀》恰成鲜明的对比！正如作家爱伦堡所说，一边是庄严，一边是无耻。阅读此书，对于我们识别当今江湖涌现出来的形形色色的骗子，显然是很有帮助的。

《花间梦词记》：蜀人谢重开著，1934年上海喜怒用功社印行。这是一本流传甚少的书。全书分“高会”“求女”“三谪”“听歌”“酒会”“艳运”“病浮”七个部分，为古今谈词之书所仅见，如此分类、标题，便有几分怪诞。在“高会”中，作者写道：“每岁花朝，词灵大集花间，其人士集者：前辈屈原、宋玉、贾生、王粲、庾信；宾客庄生、司马相如、杜甫；府主李白；掌院前席刘禹锡，后席温飞卿；西苑韦庄，南苑冯延巳；录事赵崇祚……词境诸仙女、巫山女、长命女、薄命女、柳青娘、武媚娘……”然后写他们穿过历史的隧道，从天上人间飘然而至，谈词论道，有欢悦、有感慨、有愤懑、有悲歌。上海有句话说：“东搭西搭，七搭八搭。”谢重开的这种“七搭八搭”

的功夫，令我称奇：想象奇诡瑰丽，而并未越出词境。须知，如“搭”得不好，就会像另一句上海话所形容的那样，是“瞎七搭八”，徒增笑柄。

上述三种书，书名上并未标出“奇书”之类字眼。但至少在不才看来，确有奇特之处。可见，书之奇，在内而不在外也。

1995年1月17日于老牛堂

严霜结庭兰

最近去江南，在春江花月夜，读钱晓云的散文集《飘忽的云》，读着，读着，我却不禁想起了两句古诗：“寒风摧树木，严霜结庭兰。”是的，在晓云的笔下，也有紫禁城的朝雾夕晖、春兰秋菊、依依宫柳、鸡窗明月，像一汪碧泓在我们的眼前轻轻泛起涟漪，让我们感受到清新、温馨。但是，更触动我心弦、有时不免掩卷长叹的，是她的“寸草春晖”“悲欢人间”“风雨故人”的那几组文章，特别是回忆其父亲阿英以及母亲林莉的《将伴我终生的爱》《书香文采留人间》《最后的合照》《原谅我，妈妈！》《飘忽的云》等篇。倘若没有“文化大革命”那阵吹了十年的使亿万人不寒而栗的狂风，也许阿英先生至少要多活十年，“老树春深更著花”，用他的如椽之笔，写出新作。然而，“寒风摧树木”，阿英夫妇在浩劫中历经磨难，却在平反后不久，相继谢世，令人扼腕嗟叹。

阿英是位杰出的作家、学者，也是位著名的藏书家，即使在残酷、动荡的战争年代，也是军行所至，不忘访书、读书、著书，真正是嗜书如命。但是，在大革文化命之际，他与书的命运又如何呢？晓云回忆道：“我永远也不会忘记，当一纸封条，把父亲与他的万卷藏书隔绝之际，黎明前，冷月当空。夜色尚未散去，我披衣起身，迈出屋门，悚然一惊，父亲，正痴立于书房门前。我战栗着，扑上前去：'爸爸，外面冷，回屋去吧。'他茫然地随我而走，未行两步，又下意识地回转头去，仿佛他的灵智，他的魂魄，他的生命力，都与那些藏书一起，被一把阴森的铁锁锁住……一位朋友，给父亲悄悄送来一套《水浒》。父亲如获至宝，在那抑郁苦寂的岁月中，他一遍又一遍地翻看着这套《水浒》，曾坐拥书城的著名藏书家，如今只据有这两本属于他的书。"呜呼，一代学人、藏书家，被剥夺得只能终日读一套《水浒》，这是何等荒谬的年月呵！这是我们"永远也不会忘记"，也不应当忘记的。在中国历史上，学者、图书之厄，从来就是人祸远远大于天灾，十年浩劫，更是史无前例，其惨痛教训，凡我炎黄子孙，即使百世之下，都应引为殷鉴。晓云用朴实、真挚的文笔，忠实地记录下她的家人、亲友（包括一代名伶言慧珠、吴素秋）被"焚书坑儒"的苦难历程，其文学价值、历史价值，都是不言而喻的。"严霜结庭兰"，这样的散文，岂是等闲之作所能同日而语。

我在治史之余，喜读散文，尤爱读萧红的散文：伤感的笔触浸透凝重、深沉。不知道晓云是否受过萧红影响？宗璞在《飘忽的云》序言中开头即谓："读着晓云的散文，不觉泫然。掩卷又久久地望着窗外，只觉得被一种真情压倒了。"对此，我深有同感。读完这本书的最后一页，是上月初由杭州返京的飞机上。这天，晴空万里。窗外，白云朵朵，冉冉而去。我忽然想起明朝宁献王朱权，喜读书、著书，"每月令人往庐山之巅囊云以归"（余怀：《东山谈苑》卷五），何其风流儒雅。但真能囊云而归乎？不才心窃疑之。读了钱晓云的散文，我倒觉得她笔下的云并不飘忽，因而颇有囊云而归之感，真乃幸何如也。

1995年1月于芳星园

您喜欢这几本书吗?

您是不是喜欢这几本书，我当然无从知道。但我喜欢，而且确实很爱读这些书：

《论德国宗教和哲学的历史》

亨利希·海涅著，商务印书馆1974年版

也不知何故，我既不喜欢哲学，也不喜欢哲学史。但是，当我读了德国大诗人海涅在一百多年前写的《论德国宗教和哲学的历史》，却被它深深吸引，爱不释手。作为激进的诗人与政论家，海涅的字里行间，洋溢着诗情画意与思辨色彩，读来真是赏心悦目，有时令我忍俊不禁，甚至笑出声来。例如，他在本书第二版前言中写道：“我也从未见过一只驴子，也就是一只四足的家伙，能像人一样说话，但这样的人我却遇到过够多的了，他们说起话来每一张嘴必像驴子一样。”俗话说，三里不同风，十里不同俗，更何况离德国千万里之遥的中国。咱中土一张嘴必像骡子的人不少，而且我们的老祖宗对此早有察觉，明朝的小曲中就有这么两句：“街前骡子学马走，到底还是驴儿样！”这当然是海涅不了解的。又如海涅在本书第一篇中写道：“唯灵主义一旦在古老的教会建筑上打开了一个缺口，感觉主义随即迸发出它那长久以来被压抑的烈焰，于是德国变成了自由狂热和肉欲的最粗野的竞争场……在蒙斯特，感觉主义化身为扬·范·莱顿，赤身露体地穿过大街小巷，招摇过市，并和他的12个婆娘睡在一张大床上，这张床我们今天在当地市政厅里还可以看到。”这不禁使人联想起中国古代某些农民起义领袖——如明末的张献忠，恣情妄杀，妻妾成群，虽然不必给他扣上感觉主义的哲学帽子，但说他在狂飙中“跟着感觉走”，则是显而易见的。莱顿最后失败被杀，张献忠也死于清兵的箭下。不成熟的宗教徒、农民起义，只能跟着感觉走向毁灭。

《陈寅恪先生编年事辑》

蒋天枢著，上海古籍出版社1981年版

此书是国学大师陈寅恪文集的附录。

1982年4月，申江水暖，春满江南，我去沪上探亲，便中拜访复旦大学历史系教授吴杰老师。交谈中，他笑嘻嘻地从书架上取出这本书赠我，并说："有空翻翻。但最好从后面向前看。"我问为什么？他说："看后便知。"

当晚，我回到家中，便迫不及待地从后面看起。读至第171页，载谓："己酉1969年先生八十岁……去年五六月间已发现患有心力衰竭症。本年五月五日下午六点三刻，又被迫作'口头交代'，直至不能讲话才罢休。讲话中有'我现在譬如在死囚牢'之语。"呜呼！一代国宝，竟被打入变相"死囚牢"，几个月后，即永别人寰，真是人间何世！

再读至第168页，载谓："本年底（按：指1967年）红卫兵要抬先生去大礼堂批斗，师母阻止，被推倒在地。结果，由前历史系主任刘节代表先生去挨斗。会上有人问刘有何感想，刘答："我能代表老师挨批斗，感到很光荣！"读至此，我不禁拍案叫绝。须知，在那个人妖颠倒、荒唐而又十分恐怖的岁月里，刘节先生的这番话，堪称是石破天惊，需要何等的胆量！这种刚正不阿的品格，体现了民族精神中威武不能屈的凛然气概，不少千秋正气歌，正是这样谱写出来的。

这又使我想起了周谷城老师在"文化大革命"中的一些往事。复旦红卫兵曾开会批判他的"无差别境界"论，要他交代，他说："无差别境界是千真万确的。"红卫兵很愤怒，说他是诡辩，想不到周先生竟大声说："诡辩在古希腊也是一大学派！"此时此地，周先生能作此惊人语，绝非凡夫俗子——特别是风派、软骨虫所能为也，令人钦佩。

《长水集》

谭其骧著，人民出版社1987年版

谭先生字季龙，生于1911年2月25日，卒于1992年8月29日，是饮誉海内外的历史地理学的一代宗师。他主持的《中国历史地图集》，倾注三十余年心血，是新中国社会科学最重大的两项成就之一。《长水集》分上、下册，内收论文67篇，72万余字。

谭先生有深厚的学养，真正是博大精深。除历史地理学外，他对断代史、政治史、文化史等也有深刻的研究，集中所收论曹操、蔡文姬的三篇文章，都是与郭沫若先生商榷的。发表时受到学术界的广泛瞩目。

其实，即使不是研究历史的读者，也不妨读一读《长水集》的自序。虽然长达14页，但你可以一口气读完。什么叫严谨？从谭先生的学术生涯中，你可以真切地感受到这两个字的涵义。

惭愧的是，我并不研究历史地理，但却得到谭先生的厚爱。15年前，我来京工作，他曾特地修书，向尹达同志郑重推荐。这些年来，他来京、我去沪时，必抽暇约我深谈，教诲谆谆，言犹在耳。

南望谭师又一年。他离开我们已经两年多了！他逝世后，遵嘱骨灰撒入大海。大海呵，请告诉我，季龙师的英魂，去向何方？

《秋风集》

冯其庸著，文化艺术出版社1991年版

1993年初，其庸同志赠我此书。因忙，直到这年盛夏，我才得暇将这本书全部读完。虽然户外骄阳似火，蝉声噪耳，我却不时从书中感受到阵阵秋风过林梢，心田为之一爽。其庸是学者，也是诗人、画家。集中的散文、小品、诗歌，亦文亦史，文中有诗，诗中有史、有画；集中所刊的十余幅字画，更是作者人品、才情的结晶。《大块假我以文章——往事回忆》《绿杨城郭忆扬州》《陈从周〈园林谈丛〉序》等文章，都是读来令人久久回味的佳作。

1995年元月27日于方庄

这才是突破

这些年来，文史著述如林，简直读不胜读。报刊上的书评也日渐其多，说这书、那书突破了这、突破了那，令人目不暇接。据管窥所及，所谓突破云云，其实有三种：一是有突有破，似新篁破土而出，令人耳目一新，如葛剑雄的《中国人口发展史》、白钢主编的《中国政治制度史》；二是有突无破，即作者虽然也花了些工夫，但材料大路货，结论一般化；三是无突无破，随手抄些常见材料，下一个平庸结论——时下某些历史人物传记，尽管也有人喝彩，实际上即属此类。因此，突破声中寻突破，不才顿生“特特寻芳上翠微”之感——希望看到真正的“好山好水”、一轮明月。

近读青年学者杨珍著《康熙皇帝一家》（学苑出版社），心情之愉悦，颇似在中秋节太湖踏月归来。这本28万字的专著，对于清史研究，特别是中国帝王史的研究，具有拓荒性质，是真正的突破。

中国历代帝王的家庭生活，从来都列入国家机密，严禁外传。也因此故，知情人太监、宫女者流，一入深宫，便有去无回，明朝有个宫女化装后侥幸逃出紫禁城，但最终还是被抓回来，处死。古代史家每叹曰：宫闱秘辛，暧昧难明。清王朝虽然退出历史舞台较近，但我们看清朝的皇帝——尤为前期、中期诸帝的家庭生活，依然似隔岸观火、雾中看花。作为中国封建社会“康、雍、乾盛世”的奠基人，杰出的政治家康熙皇帝，也不例外。譬如，他与嫡母孝惠皇太后的关系如何？他与皇后、妃嫔的感情如何？何以其妃嫔中有高寿群体？他是如何精心培养子女的？他如何对待兄弟、亲戚之亲情？富有传奇色彩的女性苏麻喇姑到底是何许人也？究竟如何看待孝庄、顺治、康熙祖孙三代之间错综复杂、富有戏剧性的关系？如此等等。研究这些问题并非是猎奇，而是出于深入研究康熙皇帝及清初政治、文化之必需。但是，要回答上述问题，又谈何容易！除了大量的汉文史料外，必须要阅读英文史料，因为此时的西方传教士，与康熙皇帝本人即有交往，更需要阅读满文档案，因为其中有大量珍贵的第一手资料，而今人因各种原因，能引用满文档案者寥寥。所幸杨珍既懂英文，更懂满文。占本书所用资料四分之一、计一百八十余条的满文档案资料，从未公之于世，大都鲜为人知，仅此一项，便令人瞩目。

在深入开掘罕见的原始资料的基础上，杨珍注重与其他史料综合分析，并紧密结合朝野的政治形势，努力探索，终于对上述问题一一作出令人信服的回答。如指出苏麻喇姑是孝庄文皇后的得力助手，与康熙帝情同母子，实际上已成为清皇室的特殊成员，对历史起过积极的推动作用。这确实使我大开眼界。有了这本书，我们再来向康熙皇帝的家庭生活回眸一瞥，便会觉得历历在目，再不会有隔岸火、雾中花之感了。

杨珍研究康熙帝的家庭材料，始于1983年。十年间，她“春花秋月等闲过”，“更经受几番风雨”。把青春岁月消磨在史学研究中，她的耐寂寞、坐冷凳的坚韧精神，令人感佩。其实，在科学研究中，不管是谁，研究什么问题，都必须有这种精神。否则，要指望突破，只能像一句上海话所说的那样，不过是“捏鼻头做梦”而已。

新春伊始，喜读杨珍的大著，有“东风第一枝”之感。后生可敬。愿杨珍—— 也愿其他青年学友，今后有东风第二枝、第三枝，春常在，开不败。

1995年2月2日于京南

学案最高惟寂寞

书法史专家友人韩玉涛先生善诗，佳作盈尺，我最欣赏其寄吴调公老先生的忆扬州旧游七律一首，末两句为，“学案最高惟寂寞，他时何日酹焦金”。这“学案最高惟寂寞”七个字，实在是可圈可点，非具有墨子精神的学问家所不能道也。联想书苑，感触良多。

自古及今，学人的大作面世后，由于各种原因，命运大不相同。有的一举成名，洛阳纸贵；有的好评如潮，成为传世之作；有的虽有人大声喝彩，甚至吹捧为神童的惊世之作，如20世纪20年代曾一度沸沸扬扬的《易明灯》，但尘埃落定仔细瞧，原来著者连易学尚未入门，指路明灯云云，纯属妄言欺世；有的似乎反响很小，甚至根本未见到书评，更谈不上中了什么优秀著作奖，但却往往是“学案最高惟寂寞”的最好验证，是货真价实的杰作。这后一种文化现象，很耐人寻味。试举几例：

1948年，开明书店出版了谢国桢老先生的《清初流人开发东北史》。此书虽然篇幅不长，但却为清史研究开拓了一个新的领域。尽管出版后并未见到大声叫好的文章，但至今治清初史者必读此书，而且近几年，东北史家受其启迪，研究明代流人史，斐然有成。

1982年，天津出版社出版了杨廷福教授的《唐律初探》；1986年，齐鲁书社又出版了他的《玄奘论集》。前书笔者曾见到过一篇短评，影响微不足道；后书是著者谢世后问世的，报刊上未见有何反响，似乎是“寂寞身后名”。但是，这两本书却是有很高学术价值的，尤其是其中的《玄奘年寿考论》《玄奘西行首途年月考释》《〈唐律疏议〉制作年代考》诸文，是极具功力的扛鼎之作，为行家折服，当可传之永久。

1993年冬天，我偶然在一家书店的角落里翻到一本中国文联出版公司1987年出版的《散文选》（1976—1984），都是江苏作家的作品。购回灯下展读，爱不释手，几乎通宵达旦。艾煊的《壮哉中华门》、海笑的《春夜苦闹思银杏》、魏毓庆的《宫花寂寞红》、苏叶的《告别老屋》等，无论是历史感还是现实感，以及意境、文采，都是水乳交融、行云流水，感人至深。毫无疑问，这是一本优秀的散文集，比起时下某些哼哼叽叽、孤芳自赏的散文，真有天渊之别。可是，这本散文集出版后，其命运不是也很寂寞吗？

显然，“学案最高惟寂寞”，于无声处读宏文。“开水不响，响水不开”——这是观察茶炉煮水的通俗总结，用来形容著作，似乎也未尝不可：杰出的作品，也许会“不响”，但终究是杰作；泛泛之作甚至是水准线以下之作，也许倒会很“响”，但终究未“开”，迟早会从学案、书海中消失。这是毫无疑义的。无怪乎李白早就在诗中感叹“古来圣贤多寂寞”。信然。

1995年2月10日于城南

莫听穿林打叶声

近日友人告我，学术界有书评“专业户”，不管什么著作，人家均能提笔就写，按甲乙丙丁，讲子丑寅卯；出版界也有，某刊每期必有某人对新书一一“指点江山，激扬文字”。我不知道这些文章对青年读者究竟起了多大指导作用。说真的，也许是人渐老，易多疑，我很担心有相当一部分书评，对青年起了误导作用。这是指：有的作者对所评之书的研究领域，根本是外行，岂能讲到点子上？有的作者有些常识，但说来说去，也就是常识而已。正因如此——当然还有别的原因，不少书评四平八稳，隔靴搔痒，成了一种新的八股，对学术研究、文化繁荣，只能起消极作用。好的书评，应当旗帜鲜明，有棱有角。早在20世纪70年代，海外即掀起研究、评论金庸小说的热潮，形成“金学”。其中写得最精彩的，我以为是著名作家倪匡。其中的一个重要原因，正如香港学者指出的，是倪匡的文风颇有点“霸气”：直抒胸臆，有好说好，有歹说歹，说到歹处，毫不留情。譬如，他曾尖锐指出，金庸后来重新修改他的小说，精雕细刻，不少地方磨掉了当初写作时的灵气、才情，是倒退，多此一举。这样中肯的话，非也是写作武侠小说的高手、且为金庸挚友的倪匡不能道也。倪匡也曾当面批评包括笔者在内的几位研究武侠小说的学者学究气太重，拔高了武侠小说的思想性、学术性，这个意见也是值得我们重视的。为人不可霸道，但写书评不妨有点“霸气”，这至少比行文充斥媚气、霉气要强百倍。

我曾写过短文《起哄考》，指出古今的若干起哄事例，实在是国人的劣根性之一。反观出版界，对某些书籍的倾盆大雨式的渲染，何尝不是一种大起哄？前两年，某“侃爷”作家的通俗小说，被捧得大红大紫，又是选集，又是文集，“滔滔天下皆是”。其实，这些作品充其量不过如某文学家所说，是“微言小义，入木三厘”而已。

惭愧的是，我偶尔也写一点书评，写得怎么样？自有读者评判。但是，我倒是劝青年人读一读苏东坡的词《定风波》，开头两句为：“莫听穿林打叶声，何妨吟啸且徐行。”好的书评，固然不妨看看，但书的好坏，最好还是自己一本一本认真读下去，自己充当评判员，书读多了，评判得多了，自然也就如同信步林中，越走越潇洒。届时也许你会悟出：“打叶声”，何必听？

1995年2月18日于芳星园

无读不丈夫

近日去南方故里扫墓，旧友闻之，相聚畅叙，剧谈文史，县交通局长孙君谓“书少非君子，无读不丈夫”，更博得举座击节同赏。

我不知道“书少非君子，无读不丈夫”语出何典，但不管是出之何人之口，实在是妙语惊人。妙就妙在：将挂在某些国人嘴边的口头禅“量小非君子，无毒不丈夫”，仅仅改动了三个字，便改出一番新天地，成了为藏书、读书鸣金的黄钟大吕，振聋发聩，使人深省。

古往今来，藏书家多矣。尽管他们的藏书目的并不完全相同，但莫不以书多为荣，因而无不受到当时及后世的尊重。虽然，由于各种原因，藏书家们的书籍并不能在自家永葆永享，但他们对书籍的酷爱、传播，体现了强烈的求知精神，及对人类文明的结晶——知识的满腔赤忱，于民族文化的保存、弘扬，功莫大焉。古人不必论矣，仅就今人中已故藏书家郑振铎、阿英（钱杏邨）、谢国桢、赵景深等老前辈而言，今天当我们捧读他们历经千辛万苦搜集、保存下来的文学史、俗文学史、社会史、经济史、美术史等方面的珍贵图籍，谁能不由衷景仰，临风怀想？令人感慨的是，今天社会环境的安定、经济条件的宽裕，是上述藏书家们难以企及的。但是，一掷千金万金于酒楼歌厅的大款、怀抱数万元一只猫狗的富家，以及花上几十万、上百万收藏真真假假古董的阔佬，不时在我们眼前晃来晃去，可就是没有看见藏书5万册、10万册、50万册的藏书家微笑着向我们走来。据报刊披露：有大款在广州与人斗富，竟一桌饭花去35万元人民币！倘若此人爱书，用此款购书，每本以8元计，即可购43750本，摆满好几间大屋，称得上是坐拥书城了。环顾国内，至今并未形成以藏书家为荣、以藏书为尊的社会风尚。显然，是高声呐喊“书少非君子”的时候了！哪怕纯粹是附庸风雅，购书万册，也比将金钱挥霍于无用之地要强万倍。

在中华民族数千年的文明史上，大丈夫辈出，顶天立地，各领风骚。但是，其中不读书者有几人哉？我看一个也没有。是的，毛泽东曾经说过：“刘邦是个大老粗，朱元璋识字不多。”不过，看来刘邦仍然是读过不少书的，他衣锦还乡时亲自创作，领头高唱，并让沛县儿童跟着学唱的歌曲：“大风起兮云飞扬，威加海内兮归故乡，安得猛士兮守四方！”歌词雄壮、优美，绝不是一个不读书的文盲能够吟咏成篇的。至于朱元璋，从保存下来的他的亲笔墨迹看来，早年手谕中还有错别字，但晚年不仅无此现象，而且诗也做得像模像样了。翻翻台湾出版的《故宫书画录》中的朱元璋手谕，也就一目了然。朱元璋是个读书不少、自学成材的典型。当然，刘邦也好，朱元璋也好，都是对中国历史进程产生过重大影响的一代人杰。作为小民百姓，我们用不着像他们那样，“引无数英雄竞折腰”。但是，他们在“绿林大学”努力攻读的精神，虽千载之下，仍然是值得肯定的。“无读不丈夫”，对每一个人都适用。我们生活在现代科技日新月异的时代，倘若不读书，要掌握现代科技，把我国建设成为文明强国，岂非是梦呓？

“书少非君子，无读不丈夫。”绝妙好词，绝妙好词啊！我建议：将这十个大字制成对联，广为印刷，贴在大小书店门口，并“飞入寻常百姓家”，蔚为风气，开人人喜藏书、人人爱读书、嗜书如命的一代新风。若然，“谦谦然如君子也”的良风美俗将重新复归，我们的民族素质总体水平将大大提高，令世人刮目相看，不亦快哉，不亦快哉！

1995年4月25日于方庄

我若暴富

我若暴富，即使不是亿万富翁、千万富翁，只是用深圳流行的顺口溜标准，不过属于“算个数”的百万元户，我一不会当守财奴，把钱存入银行，靠利息“革命小酒天天醉”，养得自家脑满肠肥；二不会买辆轿车代步，出入豪华酒楼、歌厅，“风雨送春归，飞雪迎春到”，在灯红酒绿、笙歌笑语中，“阅尽人间春色”。那么，作为别无长技的一介书生，难道就像古代有的金钱拜物教信徒那样，成天对着这一大堆钱傻笑吗？不会的。我会迫不及待地买书。前几年，我就有个雄心勃勃的计划，想重编《明文海》，续编《明经世文编》，凡是国内各大图书馆收藏的明人文集，以及国外、海外，特别是日本、美国、英国和台湾收藏的重要明人文集，都托国内外、海内外的亲友一一复印齐全，然后约三五知己，编辑、考订，使之陆续问世，也算是我作为明史学者对明史学科的一份贡献。我性喜杂览，这几年又沉湎于文化史、社会生活史的研究，涉猎面甚宽，每苦家中藏书不够，去图书馆，又对往往被挤得东倒西歪、汗流浃背的地铁，视为畏途。因此，我很想买一套丛书集成初编、台湾影印的四库全书珍本、中国方志集成。我在少年时代，醉心于文学，以至成年后，特别是在史学界总算有点成就后，总是难忘少年情愫，在治史之余，不时写杂文、小品、散文，尽管这些作品在文人之衙的"小都管"之流眼中也许不屑一顾，但却受到了读者欢迎，我先后出版的三本杂文、随笔集，都"购销两旺"，便是明证。在弄文之余，我很爱读文学作品，尽管对被抬头捧臀者故意抛上高空的所谓文学大师的作品，根本不读，但对五四新文化运动以来的重要作家，如鲁迅、郭沫若、茅盾、巴金、郁达夫、梁实秋、张恨水等，我不仅读他们的书，还收藏，尤其偏爱收藏他们早年出版的作品，很想将这些真正的文学大师的作品买全，如此等等。倘若我能如愿以偿，我就有资格成为藏书家了！当然，新的矛盾也会接踵而至：这些书往哪儿放？虽说"知足常乐"，我已拥有两间书房，这在中国当今的读书人中，不够"地主"标准，也绝对是"富农"了，但目前我已有的藏书，差不多挤满了书斋，何况我的臭毛病之一，是喜欢附庸风雅，总要留出空地方挂字画，而且还要留出一张桌子，自得其乐，像北京街头老头、老太唱歌跳舞、自娱自乐一样写字作画。因此，倘想把前述我想买的书买来后，均有一角容身之地，各得其所，起码我必须再有两间书房。书房不会从天降。指望公家分配？需到下一辈。花钱买？谈何容易。如此看来，尤其是掐指算来，一百万元还不够呢！

然而，我能有一百万吗？关键在于我能否暴富。自古以来，就没有一个史学家暴富过，我自然也不会例外。当然，在当前商品经济大潮面前，倘若我有勇气下海，有本事倒批文，有种哪天一旦进了局子啃咸菜、窝窝头仍觉津津有味，面不改色心不跳，也许我也能成为百万、千万富翁。但是，我既无勇气，也无本事，更没种。只会一样：埋首书堆，爬格子。显然，我若暴富云云，不过是一场白日梦而已。

作为坐冷板凳的史学家，不可能是想入非非之徒，我也不会例外。我若暴富，戏言也！但是，我愿在这里特别一本正经地向那些暴富起来的大款们敬一言：大量购书，办图书馆，如何？图书馆可以台端的大名命名，也可以令尊、令堂或者您的老太爷、老祖太的尊名命名，这岂非是造福乡里、功在社会、流芳百世的一举三得的大好事？不必说天涯海角，就说香港吧，许多富豪不正是这样做的吗？

明天是“六一”儿童节。也许用曾经是我笔友、后来被有人戴上“一个堕落的女人”高帽、惹得文坛前辈冯英子老人拍案而起著文为她鸣不平的作家遇罗锦女士的话说，这不过是又一个“春天的童话”而已，因为谁都知道，今天的暴富者，哪有心思当什么藏书家？他们的心思放在哪？这是“秃子头上的虱子”，我这里就毋庸赘言了。

1995年5月31日于京南

有福方读书

近读《炎黄春秋》第6期万登学写的《慧眼识拔梁启超的礼部尚书李端棻》文，附有李端棻所书五言联照片一帧，联语是：“无欲乃积寿，有福方读书。”咀嚼久之，颇觉有味。“无欲乃积寿”，固属千真万确，“有福方读书”，更是金玉良言。倘我们回顾一下历史，并且自身有些阅历的话，就会深切地感受到，能够在平静的书桌上，自由地读自己想读的书，实在是莫大的福分。

我国宋代杰出的女词人李清照及其丈夫、金石家赵明诚，是一对读书迷，也是藏书迷。靖康大乱后，李清照被迫逃亡到江南，写过一篇名文《金石录后序》，诚如已故历史学家陈登原教授在《古今典籍聚散考》卷二“兵燹卷”中所述，“李清照所言，凄凉哽绝，至矣，尽矣”。李清照满怀深情地回忆天下太平时与丈夫在书斋中的情景：“余性偶强记，每饭罢，坐归来堂，烹茶，指堆积书史，言某事在某书某卷第几页第几行，以中否角胜负，为饮茶先后。中，即举杯大笑，至茶倾覆怀中，反不得饮而起。”可是，金兵的焚烧，逃亡路上的丢弃，盗贼的掘壁偷窃，最后，赵氏夫妇的数万册藏书，只剩下“一二残零，不成部帙，书册三数种”。回首当年的丰富藏书，只能在梦中求之了！但尽管劫后残存的几册书，都甚平常，李清照“又复爱惜如护头目”。何以故？因为李清照从切肤之痛中感到，这几本书还能幸存手中，是“离乱人不及太平犬”的物证，所经艰难困苦，非局外人所能体会。不言而喻，什么是幸福？当年李清照与赵明诚在书斋读书时的那份宁静、温馨，便是最大的幸福。

即以不才而论，幼年家贫，懂事、识字时，正值抗战军兴，所居又是穷乡僻壤，能够从乡邻处偶尔借到一本小人书、旧小说，便为之雀跃不止。1948年，我当时读小学五年级，同窗张达广兄，借给我两册七十回本的《水浒》，我连夜快读，母亲一再劝我入睡，也置之不理，老人家叹息说：“看书把你迷到这种程度，唉！”直至灯油耗尽，才不免备感遗憾地睡去。今天，书店里的《水浒》随处可见，而且对多数少年来说，想买也唾手可得。可在当时，既无处买，也无钱买。至今我仍然对四十多年前读《水浒》的那个夜晚，记忆犹新：多么幸福，多么令我陶醉啊！

“文化大革命”中的遭遇，更使我没齿难忘。1971年，我被押往江苏大丰海滨的五七干校监督劳动。干校的简陋图书馆中，有一些经过严格筛选的革命书籍。我在劳动之余，半年中抽空读了《列宁家书集》《高尔基文选》《普列汉诺夫选集》等二十多本书。可是，在年底的评审会上，一位负责的女革命却训斥我：“你是反革命分子，读这么多书干什么？是不是想作为将来向党讨价还价的资本？”呜呼，夫复何言！读书无用论，尽人皆知，而读书有罪论，就知之者不多了。当然，即便是在那个人妖颠倒、知识无用论甚嚣尘上，本人沦为阶下囚的年代，我也没有被这位“左”得出奇的女人所吓倒，返沪后，我利用一切机会，见缝插针读书。我深知：虽然我身处逆境，但毕竟还能读到一些书，我知福。作为一个倒霉的身在不福之中的“臭狗屎”（“四人帮”的加冕），我还有何求！

我写这一些，无意向谁忆苦思甜，板着脸孔告诫他们非读书不可。不，我只是想告诉世人：“有福方读书”，读书就是福。君知否？请珍惜！

1995年6月28日于牛屋

书桌平静又一年

1995年是反法西斯战争胜利50周年。全世界人民正用各种方式纪念这个庄严的日子。身在书斋，聆听着历史鸣响的钟声，我的第一个感觉就是：书桌平静又一年。这，多么美好！

我喜欢话剧，但管窥所及，被感动得泪湿青衫的，也只有一次。那是1955年，适逢反法西斯战争胜利10周年。当时我考入复旦大学历史系不久，具有光荣传统的“复旦剧社”，演出戏剧大师田汉先生的名作《保卫卢沟桥》。当北平的大学生们跪在宛平驻军吉星文团长的面前，痛哭失声地说：华北之大，却放不下一张平静的书桌，请求你们保卫北平，保卫华北……看着这感人肺腑的一幕，我和很多同窗，都止不住激动的泪水。是的，一张书桌有价，而一张平静的书桌无价，它浸透着多少人的血与泪，是多么来之不易。

抗战军兴，我正值儿时。1942年秋，我在盐阜抗日根据地办的新式小学入学。日寇、和平军下乡扫荡时，大人们忙着跑反，学校也只好关门。现在我还清楚地记得1941年春，日伪军扫荡我的老家蒋王庄的情景。我亲眼看到伪军猛抽蒋家姐姐的耳光，抢走她的金耳环；日寇打着“膏药旗”，耀武扬威……谁说“少年不知愁滋味”？每当跑反，我又要告别小小的书桌几天，我的心中充满惆怅。我还听大人们说，离我们村只有十几里路的、方圆几十里内最高学府“海南中学”，敌人扫荡时，该校师生坚壁清野，将书桌压上石块，沉到河里去，敌人走后，再捞起来上课。当时流行一个现在和平时期年轻人难以理解的名词——“游击教学”。显然，这正是游击战争环境下的产物。

八年抗战期间，百姓流离颠沛，辗转沟壑，痛苦万分，虽“离乱人不及太平犬”的古语，亦不足以形容其万一。我的那些老大姐、老大哥——也就是大学生们的情形，又如何呢？1943年4月27日的《新蜀报》载有一条消息，照抄如下：“昆明各大学学生伙食，每月二百卅元，计每日七元五角，可以在大餐店里吃面半碗。”生活之艰辛，可想而知。其实，教授们的日子也同样是度日如年。同年4月15日的《新华日报》载谓：“武大教授有出典旧衣旧书过活者。据云某教授为节省起见，家中不举炊，每餐即购烧饼数个充饥。”著名的数学家苏步青先生，一家人常以地瓜果腹。如果说，这些大后方的师生，还能勉强维持一张书桌的话，那么，在日寇进逼的铁蹄声中疲于逃命的知识分子，则几乎不知书桌为何物了。走笔至此，不禁想起一件往事：1985年，正是反法西斯战争胜利40周年。我收到一位退休的高级工程师姚诗正老先生来稿《六十年见闻杂录》，后来我将此文编入由我主编的《古今掌故》第二辑。其中有一则的标题是《一日离家一日深》，文谓：“八年战火中颠沛流离之苦，悲欢离合之情，有所不忍言之矣……大学毕业生某女士奉母命南奔，幸于桂林得一教职维生。民国三十三年敌军进犯湘桂黔，随众逃至金城江，暂憩小于饭馆中，难友谓之曰：余等将步行入川，君母老，将如何？女惨然无策，求众代筹。乃谋之于店主，两三往返之间竟嫁与店主为妇，为母故也。”呜呼！若无战事，此女士在授课之余，当于书桌旁或备课，或夜读，或陪老母闲话，安能草草嫁作商人妇，屈居下流，成了小饭馆的老板娘？此时此地，书桌只能炊薪用，空叹知识贱如泥了！

抗战胜利至今的半个世纪，就莘莘学子而言，除了三年内战期间外，就要数“文化大革命”动乱时期，书桌最不平静了。在十年浩劫中，有多少正直、善良、无辜的知识分子，被迫离开书桌，被批斗，被变相劳改，被流放，被整死！殷鉴不远，我们是记忆犹新的。无论是外寇日本法西斯，还是内寇“四人帮”一伙，他们对我中华民族的危害，仅就对文化、知识分子的摧残而言，其罪行也是罄竹难书的。

所幸自1976年10月以来，广大知识分子的书桌，越来越平静。即以区区不才而论，每当我在宁静的书斋中，感到疲倦，想偷懒时，一想到往日恐怖的岁月，便会深深感到，书桌平静，殊堪庆幸！于是，我马上又到书桌旁，继续在书海里泛舟，把所见、所思写成书，写成杂文或随笔、散文——不管是喧嚣的白昼，还是万籁俱寂的深夜……

书桌平静又一年。但愿年年能平静。

1995年7月28日

禁锢不住的头脑

前几年，我曾写过一篇《残疾英雄谱》，颂扬中国古代几位自强自立的残疾人与命运抗争的顽强精神。近读流寓美国的物理学者邱励欧女士、王滋博士伉俪合译的中文版《霍金传》，深感在霍金的面前，我笔下那几位残疾英豪，只能惊叹高山仰止。

霍金何许人也？他的全称是史蒂芬·威廉·霍金，1942年1月8日——正巧是历史上最伟大的科学家之一伽利略逝世300周年纪念日，诞生于英国牛津，现任剑桥大学应用数学及理论物理系教授。他是当代宇宙学家的代表人物，在黑洞、大霹雳、量子宇宙学方面所取得的杰出成就，被物理学界视为是从爱因斯坦以来最著名的科学家之一。

“杞人忧天”，是我们日常生活中的口头禅。但这个典故却出自战国时的儒学经典《列子》，这个家喻户晓的故事，似乎包含着我国古代先民对宇宙膨胀思想的萌芽，以及对宇宙是否会塌陷的猜想。诸如此类的想法，自古以来，外国当然也有。但是，直到20世纪20年代哈勃发现星系光谱的红移定律之后，宇宙学才真正从类似《红楼梦》中绝顶聪敏的凤姐猜谜那样，亦即由猜测变成一门观察学科。

1965年宇宙微波背景辐射的发现，证实了伽莫夫等人关于热大爆炸宇宙模型的预言，而霍金和彭罗斯共同发现的广义相对论的奇性定理表明，大爆炸与黑洞是密切相关的。由此，他们把爱因斯坦所创立的理论宇宙学大大向前推进了一步。此后，霍金又提出“霍金辐射”概念，用无边界模型解释宇宙为何是今天这副模样，等等，对理论宇宙学作出了辉煌的贡献。

霍金还是一位出色的科普作家。其《时间简史》，自1988年出版以来，已被译成三十多种文字语言，在全世界销售了1000万册以上。这不能不说是世界出版界的奇迹。

正是由于霍金的卓越贡献，他获得了殊荣：几十种奖项与荣誉科学博士学位接踵而至，英国女王伊丽莎白二世授予他大英帝国高级勋衔与荣誉勋衔。

然而，使人难以置信的是，霍金如此巨大的科学成就，竟是被禁锢在轮椅上完成的。

他在21岁时患了卢伽雷病（肌萎缩性脊髓侧索硬化症），这是一种慢性的消耗病，当时医生预言他只有两年半好活。然而，轮椅只能禁锢他的身躯，却禁锢不住他的头脑——顽强活下去的勇气，百折不挠的探索精神，在宇宙遨游的闪光智慧，战胜一切困难的钢铁意志。

这绝非是谀词。

霍金的体重不超过90磅，身体完全瘫痪，失去了语言能力，甚至头垂到胸前都无法自己抬起来。他与人交谈，每一句话都是万分艰难地用轮椅上的电脑拼出来的，操作的方式是靠单手两根手指的细微运动，这两根手指几乎就是他全身残存的自由肢体。这就是我们眼前的霍金！他把生命的潜能最大限度地发挥出来，并达到了光辉的顶点。

人类历史上每一次重大的科学发现，都是对唯心主义、造神运动的严重挑战。随着研究的深入，霍金由早期的不可知论者，成为彻底的无神论者，他的无边界理论非常有力地排除了上帝存在的任何可能性。连主宰全人类命运的上帝都是子虚乌有，那么人间通过《封神榜》式制造出来的大小神灵被层层镀金，吹嘘成光焰无际，岂不更是荒唐可笑吗？

随着时间的推移，霍金在宇宙理论上的杰出贡献对于人文科学的推动作用，会越来越充分地显示出来。1981年，梵蒂冈的教皇科学院举办了破天荒的宇宙学会议。教皇保罗二世坐在讲坛的一个高椅上，接见了到会的科学家。被接见者都跪在教皇面前，轻声与他交谈几句，然后离去。可是，当霍金的轮椅转动到教皇面前时，教皇竟离开坐椅，跪下来与霍金交谈。这在天主教史上是破天荒的事。也许这就是前述“推动作用”的近乎奇迹的表现。

至今，霍金仍顽强地活着、工作着。他在办公室门上贴了一张告示：“请安静，老板正在打瞌睡。”只有睿智如霍金，才会有这样令人忍俊不禁的幽默。

无数读者想知道霍金教授的一切。英国学者兼作家迈克尔·怀特和约翰·葛瑞本合著的《霍金传》是介绍霍金生平著作中最受欢迎的一部。《每日快讯》赞扬此书是“一本特别温馨的传记，同时并解说了霍金的科学概念”。然而，将此书译成中文，并非易事。只有中英文造诣均佳，并对粒子物理和宇宙论有高深素养者，才能胜任。

所幸，邱励欧女士在复旦大学物理系攻读期间就有才女之称，有很高的文学素养；王滋博士于1988年获得美国犹他州立大学物理学博士学位，且为1987年国际引力研究基金会论文获奖者之一。他俩的翻译真正是珠联璧合：文笔如行云流水，我这个读中学时并不喜欢物理学的人居然也读来爱不释手，可见这译文是如何传神了。

此书由台湾艺文印书馆印行，不久将在上海出版简体字本。我希望此书能早日与大陆的广大读者见面。

令人遗憾的是，王滋博士因患癌症，正在故乡无锡治疗。愿他在惠山松涛、二泉明月、太湖碧波的沐浴、抚慰下，能早日康复。我坚信：他一定能从霍金的身上汲取无穷的力量。

1995年11月18日下午于方庄

附识：

此文草成的半个多月后的12月7日，王滋博士即遽归道山。悲从中来，我写了一副挽联：“归去太匆匆，问苍穹无极，博士何在？空教梁溪寒波咽；回眸应笑慰，探宇宙真谛，继起多贤，幸有名山伴英魂。”愿生前身心交疲的王滋，能在地母的怀抱里，永享一份宁静。

1996年1月22日于京南

哀亡书

高尔基曾在他与其子的合影上题曰：高尔基和他的作品。文豪的幽默，令人忍俊不禁。由此使我想到，一些学者、作家把自己的著作，视同儿女，那份亲情，同样绝非局外人所能体会。无论是写一部长篇小说，还是一部学术著作，甚至是一篇严谨的论文，艰辛的过程，实在不亚于十月怀胎。对于母亲来说，胎死腹中，是最痛苦的事；对于学者来说，已经成篇的论文、特别是已经写完的书，尚未面世，即因种种原因亡佚，其悲愤的心情，恐怕也只有经历过伤子之痛的母亲才能体会。

所谓的种种原因，无非是天灾人祸。水火无情，固不必论矣。蠡贼的窃夺，尤使人扼腕难平。中国的历史之长，之复杂，实有它绝妙的好处，那就是没什么事是历史上所没有的。这等事亦不例外。

比如，清初史学家谈迁，费26年辛苦，编成的百卷巨著《国榷》，尚未付梓，即被偷儿全部偷走；又如王鸿绪剽窃、篡改万斯同的遗稿《明史稿》，真正的国学大师（按：这“真正的”三字，用以区别时下“忽如一夜春风来”冒出的廉价“国学大师”）梁启超，曾在亡师陈守实教授的论文《明史稿考证》上批曰：“得此文发奸擿伏，贞文先生（按：万斯同卒后弟子私谥贞文先生）可瞑于九泉矣。然因此益令人切齿于原稿之淹没，其罪与杀人灭尸者同科也。”并再批曰：“最痛恨于王鸿绪者，不在其攘而在其窜也。”梁任公的笔伐，严于刀斧，王鸿绪之流如地下有知，当肝胆俱裂矣。

但是，纵观历史，学人文稿遭人祸之劫，再没有比十年浩劫时更为惨重的了。即以区区不才而论，近日承蒙上海知识出版社总编辑施伟达同志雅爱，欣允出版拙著明清史论文集，重读旧作，不禁感慨万千。收入本书的论文，“文化大革命”前写的文章仅有《顾炎武北上抗清说考辨》一篇，那还是多亏时任复旦大学历史系资料室主任的王明根学长，在我平反后，从纸堆中捡出的。回家读毕，我在文末题曰：“十年旧梦似云烟，灯下重读劫后灰。早悟亭林北游去，倒掩柴门款双扉。”我之所以如此心灰意冷，原因之一，便是我在当研究生期间搜集的珍贵史料、写的数篇学术论文及十几万字《关天培传》的手稿，“文化大革命”中被抄得片纸不存。如果说，浅学如我，这些书稿的学术价值自然不大，兼之正当壮年，来日方长。那么，对于老年学者来说，类似的打击，则几乎难以承受。科技史专家胡道静先生，“文化大革命”中入冤狱八年，他呕心沥血搜集的150万字的中国农业发展史资料，及已基本成书，并由李约瑟亲笔用童体汉字题签、铃上中文印记的50万字的《梦溪笔谈补证》，及其他一些文稿，均被好汉们抄走，至今不知下落。犹忆在沪时，道静先生与我每言及此，便感痛心疾首。年迈体弱，藏书散失，倘想重理旧业，又谈何容易。《梦溪笔谈补证》至今仍在重写中，这对一位八十多岁的衰翁来说，艰难可想而知。上海学术界的朋友都知道，抄走胡老书稿者并非文盲。亡友杨廷福教授曾对我说：也许有朝一日会冒出个王鸿绪第二来。果尔如此，鼠辈知否“其罪与杀人灭尸者同科”乎？

哀亡书，难释怀；但愿噩梦永远不再来！

1995年12月12日于八角村

说性爱描写

既然是“食色，性也”，文学作品可否描写性爱，包括性行为？答案自然是肯定的。但是，这个问题，正如《牡丹亭》中的两句歌词形容的那样：“少不得花有根元玉有芽，待说时惹的风声大。”其实，在我国历代文学作品中，从来就有这样的描写，但如何写法，便差别大矣，一言以蔽之：有高低之分。所谓高，是点到为止，让读者心领神会，感到是美的艺术享受；所谓低，是采取自然主义手法，对性行为进行赤裸裸的描写，煽动情欲，不堪入目，如《肉蒲团》《绣榻野史》之类。时下一些下三流的黄色小说，仍在沿袭老调，毒害青少年，实在是人所不齿。

对比之下，就更加显示出那些高雅作品的美妙。《红楼梦》中曾描写贾宝玉、贾琏的偷情，宝玉当时还小，只是初试云雨，不值一提；而贾琏是情场老手，色中饿鬼，但我们看了曹雪芹笔下贾琏与厨子老婆的做爱过程，一笑置之而已，谁也不会大惊小怪。再以《西厢记》为例，写到个中消息，不过是："[胜葫芦]软玉温香抱满怀，呀，刘阮到天台。……"云云，谁能说这不是绝妙好词呢？

某些民间文学作品，特别是民歌、谣谚、谜语，也往往涉及性爱、性行为，但比起正宗文学作品，更清丽、幽默、精巧，有的作品简直使人拍案称奇，叹为观止，充分显示出民间文学的蓬勃生机。

试举三例：

其一，有谜语谓："佳人佯醉索人扶，露出胸前白玉肤。走入帐中寻不见，任他风水满江湖。"谜底是四人名：贾岛、李白、罗隐、潘阆（明·顾元庆：《檐曝偶谈》）。此谜写得多么精巧！

其二，有一谜，让打一物，谓："两块儿合成了一块，亏杀那铁桩儿拴住了中垓。两下里战不休，全没胜败。一个在上头，不住将身摆，一个在下头，对定了不肯开。正是上边的费尽了精神也，下边的忒自在。"（明·冯梦龙《挂枝儿·咏部八卷》）此物者何？磨子也。如此曲尽形容，真乃活龙活现，其弦外之音，除了聋子，又有谁听不见？

其三，民间曾流行一则隐含十二干支作为谜底的情诗体灯谜，描写一个男人晚上外出偷情的过程，及事毕归来的心理活动，谓："了相思，一夜游（子）。敲开金锁门前钮（丑），奋缘情窒，无夕不绸缪（寅）。柳腰儿抱着半边（卯），朱唇儿未曾到口（辰）。口吐舌尖软似钩（巳），还有那玉杵儿不是木头削就（午）。二八中间直人，挑起了脚尖头（未）。呻吟口罢休（申），壶中酒点滴不留（酉）。倦来人倚干戈后（戌），只怕丢下孩儿，子非吾有（亥）。"如此淋漓尽致的描写，构思的奇突，实在罕见。

我以为，不分青红皂白，见到文学作品涉及性爱描写就摇头者，是道学家（而且多半是假道学）；见到黄色小说就流口水者，是下里巴中的傻瓜；写性爱含而不露却又传神者，是高明的大作家！

料应厌作人间语

“姑妄言之妄听之，豆棚瓜架雨如丝。料应厌作人间语，爱听秋坟鬼唱诗。”这是清初大诗人王士祯给蒲松龄的名著《聊斋志异》的题诗，读来使人顿觉似有一股阴风从荒垅墓穴吹来，鬼意楚楚，油然而生。也许是王士祯特别偏爱蒲松龄笔下形形色色、无奇不有的鬼故事，故这四句题诗，颇有一点鬼才味道。当然，尽人皆知，《聊斋》除了写鬼外，还写了神、妖、魔、狐、怪等。

钱塘魏之琇的题诗说得好：“蒲君淄川一诸生，都邑志乘传其名。假非诵读万卷破，安有述作千人惊。《聊斋志异》若干卷，鬼狐仙怪纷幽明。跳梁载车已诞幻，海楼山市尤支撑。谛观命意略不苟，直与子史相争衡。中藏惩劝挽浇薄，外示诙诡欺纵横。浸淫秾郁出变态，雕镂藻缋穷奇情。……”此诗不仅道出了《聊斋》的艺术特色，更说明蒲松龄老先生“诵读万卷破”，满腹诗书，厚积薄发，否则不可能写出如此脍炙人口的传世之作。这无疑是中肯之论。

我童年时偶见家中有一部残本《聊斋》，挑灯展读，却懵懵懂懂，不能领略书中的奥妙，硬着头皮啃了几篇，终于难以卒读。其实，当时我还不到十岁，又上的是新式小学，古文一窍不通，读《聊斋》显属超前行为。

直到又吃了好几年老米饭，成人了，并上了大学，重读《聊斋》，才爱不释手，几乎废寝忘餐。犹忆同寝室学友陈兄，曾对我大为感叹：“我怎么碰不到《聊斋》里的狐狸精？即使碰到一个女鬼也好，‘月明林下美人来’，多有诗意！”这样想入非非，令我忍俊不禁。

我曾经想写一部《续聊斋》，但不才如我，只能同样是想入非非。不过，经过所谓“横扫一切牛鬼蛇神”的十年浩劫，并且自己也曾经被打成“牛鬼蛇神”后，我却下定决心要重编一部《聊斋》。我说的是重编，而不是续编。

诚然，论才华，也许我正如俗语所说，抵不上蒲松龄脚后跟的一层皮。但论藏书之丰，特别是读书之多，自信绝不敢对仅为乡村塾师的蒲先生多让。如果再加上我的几位学界好友，他们或在大学执教鞭多年，或长期在研究机构治史，所读历代文集、稗官野史之多，则更是蒲老不能望其项背。

蒲松龄在《聊斋自志》中开头即说："披萝带荔，三闾氏（指大诗人屈原）感而为《骚》（即《离骚》）；牛鬼蛇神，长爪郎（指唐代诗人李贺）吟而成癖。"其实，在很大程度上说，一部《聊斋》，不就是"牛鬼蛇神"传吗？电视剧《聊斋》的主题歌有一句说："牛鬼蛇神倒比正人君子更可爱。"太对了！因此，可以说，《聊斋》是"牛鬼蛇神"最好的颂歌。也惟其如此，我曾把现在呈现在读者面前的这部《古本聊斋》，取名《牛鬼蛇神谱》，并写了一首打油诗，曰：

老调新弹唱打油，"牛鬼蛇神"何处求？
莫道怪诞太离谱，烟波深处有蜃楼。
休让春梦困扁头，多少奥秘待探求。
世路崎岖难走马，且随老汉信天游！

何谓怪诞？唐代诗人杜牧《李贺诗序》："鲸呿鳌掷，牛鬼蛇神，不足为其虚荒幻诞也。"可见"牛鬼蛇神"即虚无荒诞之意。"文化大革命"中号令"横扫一切牛鬼蛇神"，把"牛鬼蛇神"与坏人画上等号，打击一大片，实在是荒谬绝伦。正是："牛鬼蛇神"莫横扫，怪诞故事是个宝。

本书中的几百则故事，无论是鬼的悲歌、神的逍遥、狐的艳情，还是妖的作孽、魔的变幻，都是人的理性、感情的升华。或传、或颂、或哭、或笑、或讽、或喻……至于异闻轶事，则有大量奇特非凡、令人惊叹的自然现象、社会现象、生命现象供我们鉴识。当然，有的神秘现象属于千古之谜，需要一代又一代人的辛勤探索，才有可能揭开。而对于一般读者来说，在赏心悦目之余，一笑置之就行了。至于有些情节事涉迷信，相信读者完全有辨别能力。

当然，本书与《聊斋志异》还是有很大不同的。蒲松龄写《聊斋》大部分是创作，一部分则是对民间口头文学加工再创作，汪洋恣肆，天马行空。而我主编的这部《古本聊斋》，是请学界好友将魏晋以来直至清朝末年的稗官野史中类似《聊斋》的故事，分门别类，予以精选，再加上必要的注释，并译成白话文。原文篇末均注有出处，全书按原作产生的朝代先后为序，编排成轶。无论是选材、注释，还是翻译，我们都是步步为营，如履薄冰。

应当告诉读者，本书译注者中的多数朋友，都是专职历史学者，李斌城研究员、刘精诚教授更是隋唐史、魏晋南北朝史的专家，其他几位，也都是饱学之士，著述不辍。在选材时，他们是从历代几千万字的原始记载中精选出来的，在当今学术界，很难找到一个能博涉如此多史籍的学者。还是众人拾柴火焰高，个人难以企及。

且不论本书的取材有《太平广记》之类大书，更重要的是有不少书是珍稀本，即使是专业学者，也不容易读到。如明朝杨仪的《高坡异纂》、闵文振的《涉异志》、来斯行的《槎庵小乘》、李中馥的《原李耳载》、姜准的《岐海琐谈》等；而清代虽然离今世时间较近，但霁园主人的《夜谈随录》、苏睿珍的《霭楼剩语》、邹钟的《想当然耳》、竹勿山石道人的《蝛蛄杂记》、黄鸿藻的《逸农笔记》、宫柱的《春雨堂笔记》、徐乃秋的《风月谈余录》等，一般图书馆也难以找到。因此，即使从文献学的角度来看，本书也是很有价值的，其中的大量资料，可供研究文化史、社会史、文学史、俗文学的学者参考。

虽然，我主编此书的主要目的，并不在此，不过是想请读者朋友跟我们一起去远离尘寰的超现实世界里，看亦真亦幻的鬼国沧桑、神侣仙踪、妖魔变脸、狐家悲欢。……倘说得更直白一点，不过是给茫茫人海感到嘴巴太淡的先生、女士们，送来一把有滋有味的盐。如此而已！

本书有对穿越生死轮回的母子情、夫妻情、挚友情的热烈赞颂，有对一代鬼雄的昂扬颂歌，有对阴间第一把手阎王爷平反冤狱的大声喝彩，有对贪赃枉法的狰狞恶鬼的无情鞭挞，有对仙家度人不度狗的生动记述……其实，说阴间也罢，神界也罢，归根到底，还是在变相说人间，或者说是光怪陆离的人间奇光异彩的折射。而有的篇章，分明是政治寓言，含意深刻隽永，今天读来，现实世界的相关人物几乎呼之欲出。我不想一一举出篇名剖析，读者自能识之。

本书每篇故事后的评论，是我写的，无非是东施效颦，步《聊斋》"异史氏曰"的风流余韵，对每篇故事发表一点读后感。或赞，或笑，或讥，或骂，或叹，无非是"跟着感觉走"，甚至"拄个黄瓜当拐棍"。无意牵任何人的鼻子走，不过聊博读者一笑。因家住京西石景山区，故书作"石景山人曰"，权充一回风雅。

（本文系作者为主编的《古本聊斋》所作的序）

合理的离奇——读《刘伯温与哪吒城》

今天，六十岁以上的老北京，很多人在童年时，在院中的老槐树下或夜雨秋灯前，都听过这个神奇的民间传说：雄伟壮丽的北京城，是由明太祖朱元璋的军师刘伯温与曾鼎力协助明成祖朱棣篡位的大政治家姚广孝竞赛，依照民间妇孺皆知的脚踩风火轮、手拿乾坤圈、神通广大、曾让东海里的第一把手龙王爷吃尽苦头的哪吒太子的模样画图建造的。这个故事，甚至直至今日仍在某些北京人特别是郊区农民中流传着。

一般稍有明史常识及佛教知识的人，对这样离奇的传说，也许或不值一哂，或置之一笑。因为，在他们看来，北京城建于永乐年间，姚广孝并未参与其事，而刘伯温早在洪武八年（1375）就已撒手人寰。至于哪吒，本是佛教密宗里的神昆沙门天王的第三个儿子，但随着密宗的传入中土，在华夏文化的大染缸里，终于变了色：其父成了托塔天王李靖，他则更神了——三头六臂，有时又长出两条胳膊，故亦称八臂哪吒。自从明代大作家许仲琳把他写进了《封神传》，其赫赫英名，在民间更是不胫而走。如此而已。但是，正如大哲学家黑格尔所说："凡是存在的都是合理的。"民间为什么会七扯八搭，把这些互不相干的人神"拉郎配"式地组合在一起，让他们在建造北京城时，大显身手呢？

学者应当回答其"合理"之所在。不过，要回答好，难度很大。回答者必须精通历史，尤其对元、明史，需有很深的造诣，而且还懂得民俗学、民间文学、社会学、人类学、宗教。

令人欣慰的是，蜚声国际汉学界的美籍华人、华盛顿大学历史系陈学霖教授，潜研宋、元、明史多年，著述累累，学养深厚，近日在台湾东大图书公司出版了专著《刘伯温与哪吒城——北京建城的传说》，对上述问题作出了精辟的回答。

本书分目录、前言、北京城建置的沿革、元代大都城建造的传说、明代北京城建造的传说、余论、附录（资料篇）七个部分，书末并列出引用中外文献达二十页之多。书中另有插图四十八幅，对全书起了烘云托月的作用。

语曰：十年磨一剑。读了本书长达十三页的作者自序，我们了解到，陈学霖先生写作本书，从构思、找资料、陆续著笔，经历了二十多个寒暑。正是：二十余年磨一剑，此剑当可绕指柔。三十年前，作者以研究刘伯温的论文，取得普林斯顿大学的博士学位，开始了他漫长的教学、研究生涯，并继续跋涉研究刘伯温的漫漫长途。澳洲坎培拉大学的著名学者柳存仁教授，在为本书作序时指出，这部书的写法，是打破了传统的史学书的樊篱，而为它注入了新的活生生的养料。“……用了史学的架构，去发掘民俗学、人类学和社会学的新园地。”“学霖教授用史学家的眼光来处理哪吒城研究的题材，是为史学界的人士多开了一扇窗，这对研究历史，或是民俗学，或是广义的人类学，都是裨益很大的。”这对本书的学术特点与价值所在，是个很好的概括。

经过作者长期孜孜不倦的探索，他终于理清楚刘伯温与哪吒城的千头万绪，把令人信服的结论，鲜明地摆在我们的面前：刘伯温制造“哪吒城”故事，基本上是元大都“哪吒城”传说的延续，因此胚胎已在元末明初形成，以后依附哪吒本身故事的演变而衍化，到后来与传入北京的刘伯温传说混杂，再加裁剪藻饰而定型。这个传说的模型，应该肇始于清末民初之际，以口述方式传布于市肆庙会等公众活动场所，娱乐平民，辗转相传而散播四方。

作者在前言中谓：“本书所述，系笔者多年钻研刘伯温史事及其神化经过的部分成果。主旨在钩稽明清野史稗乘所记伯温的玄怪轶事，探溯其历史背景，考究其演变轨迹，以求对这一流传广远的北京城传说故事之起源、蜕变及传播作一合理、科学性的解释。”通览全书，作者的主旨无疑已完满地实现。

他山之石，可以攻玉。本书给我们以深刻的启示。

其一，莫将传说等闲看。某些学人，往往将刘伯温造“哪吒城”之类的故事，看成荒诞无稽，而不予研讨；在一些方志中，甚至将叫魂、扶箕、厕神之类的民俗资料，以封建迷信目之，一笔勾销。其实，此类资料，保存着古代的文化信息，用科学的方法切入，可以移动群山，寻绎出历史发展的脉络，先民沉重的脚印，下层百姓心灵的图像。本书正是这种研究方法成功的范例。

其二，学有众侣成大器。我国古代的鸿儒巨匠，一向重视学侣，顾炎武的《广师》篇，更传颂久远。学霖先生秉承这个优良传统，一贯重视学人之间的交谊，他的学侣，遍布美国、澳洲、新西兰、德国、日本、韩国，以及中国内地、台湾、香港。他在自序中，满怀深情地叙述着与学侣间的友情，以及在关键史料上，如何受到了蒙古与北京学者的启迪帮助。可以说，本书也是国际学术交流的结晶。

15年前，我在黄振华教授的介绍下，结识学霖先生，此后在国内外，每有往来，助我良多。他曾对我说："我是美国的穷教书匠。"不过，我认为他是富有的，仅仅是近三年多来，他在出版了《宋史论集》后，又推出本书，不久又有新著面世。从字数来说，他早已是百万富翁，岂不可喜可贺！

1996年7月1日于芳星园

挑灯喜读磨剑篇

1987年岁末，香港中文大学中文系召开首届国际武侠小说研讨会。美国夏威夷大学马幼垣教授，曾私下不无感叹地对我说："参加这次会议的代表，研究武侠小说的专家只有一个，就是台湾的叶洪生先生。严格地说，你我和其他人都是没有资格来参加这次会议的。"

马幼垣治学谨严，著文批评学界浮华学风、错误论点时，一向毫不留情。而他对叶洪生先生，却如此推崇。

当时，我就表示同意他的看法。这不仅在于，我不过是偶尔在武侠小说的研究领域，敲几下边鼓的门外汉，对武侠小说的认识，充其量也不过是一知半解；而叶洪生先生，仅就其所编《近代中国武侠小说名著大系》言，就足以称得上是名副其实的武侠小说专家。最近收到他寄赠的《武侠小说谈艺录——叶洪生论剑》，挑灯阅读这本长达478页、内收13篇研究武侠小说学术论文的皇皇巨著，我不禁再一次想起马幼垣的话，击节者再。善哉，武侠小说专家之文也！

《叶洪生论剑》的最大特色，就是：廿年风霜磨一剑，赢得满纸豪侠情。

早在1973年，叶洪生在台湾淡江大学历史系攻读期间，即写了《武侠何处去》一文，参加《中国时报》有关武侠小说的论战，一鸣惊人，被文苑目为“武林奇葩”，从此走上“磨剑——论剑”，也就是研究武侠小说的风雨征程。

百炼钢可绕指柔。读叶洪生的论文，俨然如观大侠挥剑，风声飒飒，落木萧萧，比起时下某些隔靴搔痒、钝刀割肉式之论武侠文，实在是相差不可以道里计。如：人皆知还珠楼主的《蜀山剑侠传》，对后来的武侠小说作家影响甚大，但“大”在何处？多为“山在虚无飘渺间”。而叶洪生明确指出：“还珠楼主的‘太极剑圈’浩瀚无涯，影响波深浪阔；五十年代以后的武侠作家，几乎无一能脱出其‘万有引力’之外，咸由‘武侠百科全书’——《蜀山》取经偷招。甚至连小说人物名号亦多借用还珠‘原装货’，例如：梁羽生《龙虎斗京华》中的‘心如神尼’，《江湖三女侠》中的‘毒龙尊者’，《冰川天女传》中的‘血神子’；卧龙生《飞燕惊龙》中的‘白发龙女崔五姑’，《金剑雕翎》中的‘长眉真人’；司马翎《剑气千幻录》中的‘白眉和尚’‘尊胜禅师’，《剑神传》中的‘猿长老’与‘天残、地缺二老怪’；伴霞楼主《金剑龙媒》中的‘神尼优昙’、《青灯白虹》中的‘忍大师’‘枯竹老人’；古龙《大旗英雄传》中的‘九子鬼母’、《铁血传奇》中的‘水母’等；东方玉《同心剑》中的‘鸠盘婆’等等，不一而足。至于套至《蜀山》的真经、秘笈、神掌、玄功、灵药、异兽、奇禽、怪蛇以及凌空虚渡、千里传音、阵法妙用等等，更不胜枚举。”这样的言之凿凿，岂是一般学者所能道出？

更难能可贵的是，海内外的不少学者，常乐道武侠小说是“成年人的童话”，而每每忽略甚至漠视武侠小说的现实意义。还珠楼主笔下的那些变幻万千的神魔灵怪，难道真的是在“真空父母，无有家乡”

（借用白莲教经卷语）的超现实世界里腾挪，与人间烟火无关吗？叶洪生的回答是：否。

他认为："《蜀山》并不比'人妖颠倒'的乱世中国更神怪，它只是反映抗战前后大陆社会百态与群众心里的一面'照妖镜'而已。此镜为还珠戛戛独造，奥妙非常：'说真便真，说假便假；随心生灭，瞬息万变'。"此论堪称鞭辟入里。

他对不少问题的看法，往往是要言不烦，三言两语，即能点破。如论《水浒》，谓："武松血溅鸳鸯楼，见人就砍，却也开了无边恶例——欲谓之'武侠'，不可也！因为真侠义决不能滥杀无辜，否则又与盗贼何异？！"论宫白羽虽身为著名武侠小说作家，却是反武侠的，究其因，乃是"他目睹时局动荡、政治黑暗，坚信'武侠不能救国'的人生观所致"。洵为至论。

又如，金庸的武侠小说，不才最欣赏的是《笑傲江湖》，从某种意义上说，不失为是形象化的政治文化通俗教科书。叶洪生在简介《笑傲江湖》时，只有19个字："写权力令人腐化与政治斗争之残酷无情，等等。"这是何等的眼力！

真正的侠，无一不是"仗剑一啸天地阔"，胸无挂碍，具有深刻的理性。叶洪生对武侠小说的研究，纯粹是理性的研究，即使对他最喜爱的武侠作家及武侠小说，也从来不沉湎，不盲从，不媚俗。这一点，可谓与真大侠一脉相通。

他批评武侠小说名家的败笔、不良倾向，毫不含糊，尖锐泼辣。如批评文公直《碧血丹心》三部曲，"惜其著书言志，不事铺陈；以致缺乏趣味性，遂成'历史武侠教科书'矣。"又如指出卧龙生的武侠小说，"其最大短处则在于学养不足，又缺乏幽默感……不耐久读……且一再请人代笔，当为'盛极而衰'之主因。迨至七十年代以后，卧龙生屡屡纵容不肖书商出版冒名伪作（至少在廿种以上）。就更不堪闻问了。"再如指出诸葛青云从20世纪60年代后期到80年代以来的作品，

"多自我重复而乏创意；始终依循着俊男美女文武兼修、琴棋书画无一不精的老路'流'下去，不知伊于胡底。"温瑞安从1987年开始，"以'现代派'自居。如《杀了你，好吗？》《请请，请请请》《力拔山河气盖世，牛肉面》《敬请造反一次》《没有说过坏话的可以不看》等中短篇，书名不知所云。……'托古言事'的武侠小说必须具备传统中国风味，决不可用'现代'来包装；否则小说文理、神理的一致性势将破坏无遗。"即使对于他很敬重，我曾有幸亲闻他与之侃侃论剑的武侠小说泰斗金庸，他在指出其作品的种种不足后，批评所谓的"金学"热潮逐浪高，"而将金庸小说捧到九霄云上"，并谓，"世有'不虞之誉'，亦有'求全之毁'。现在是打破'金庸迷信'的时候了！"他的论点，学者未必都赞同，但至少使人们大开眼界，对于不分青红皂白，盲目抢着出版武侠小说作家全集的某些出版社来说，更具有振聋发聩的作用。

一个严肃的学者，在勇于剖析别人作品的同时，也应当是剖析自己作品的勇者，总不能如俗语所说，"老婆是别人的好，作品是自己的好"吧？叶洪生在回顾自己青年时期写的论武侠小说文章，是"初有'才子'之目，旋有'绣花'之称；前者是虚，后者是实……中看不中用矣"，又说："过去我因'论剑'而浪得虚名，实则空疏迂阔，并无真才实学，仅只是强撑门面，强作解人，'外强中干'而已。"这样的坦诚自责，真是把心掏给读者了！何谓郑板桥的"直摅血性为文章"？此即是也。

稍有文化史常识的人都知道，若以人与文的关系来区分学者，不过两类而已：人不如其文；人如其文。叶洪生属于后者。自改革开放以来，我结识的海峡彼岸的学人为数不少，老实说，对少数以"富家儿"自衿，言不及义、逢场作戏、趋炎附势、学问无根基者，实在不敢恭维，亦无真心话可说。1987年底，我在香港中文大学的宾馆中结识叶洪生，却有一见如故之感，衡文角艺无所不谈，甚感快慰。他在香港新闻界的朋友很多，与新华社的同行稔熟，深夜归来，穿着白色夜行衣，真有一派独行侠的架势。1989年的多事之春，他来大陆探亲，抵京后，打电话至历史研究所找我，却自称是台湾《历史月刊》的，而不说是《联合报》的（时任该报主笔），无非是为我着想，怕引起误解，给我带来麻烦。后来，他再次来京，宁可辞谢一个研究武侠小说学术团体的宴请，而与我在下榻处清谈。这些虽是小事，但叶洪生的为人，亦可窥见一斑矣。

在首届武侠小说研讨会期间，金庸先生曾三次宴请与会学者。在"彩虹厅"的晚宴上，香港著名作家、金庸的莫逆之交倪匡先生，曾邀我、叶洪生与他合影，后刊于《明报》"名廊"。有时翻开影集，看着这张照片，不禁令我"想天涯，思海角"。倪匡自移居美国后，即失去联系，这个曾被冯其庸先生戏称为"倪无匡"的人，大概还是一坐下来就放言无忌，"荤素不挡"吧？而叶洪生先生，我们是有书信往还的。洪生是安徽庐江人，1948年生于南京。他正当壮年。身居长安，东望台湾，我衷心期待洪生文友磨剑不辍，写出一部高质量的《中国武侠小说史》。书成之日，我当再次挑灯细读，不亦快哉！

1996年12月16日于老牛堂

读茉莉花诗词

茉莉花深受历代文人墨客的喜爱，留下不少篇章。曹雪芹的祖父曹寅有诗谓："抹丽（茉莉）应愁热，柔脂不忍簪。轻飙恣小吹，半夜展疏襟。"（《楝亭诗别集》卷一）此诗虽诗味平平，但忠实地写出茉莉的习性，喜凉爽，夜半花开。清初著名诗人孙枝蔚在《溉堂前集》卷九，留下了"秋晴隔岸葡萄熟，夜静空斋茉莉香"的佳句。有善书者乎？不才想求一法挥，悬之书斋，盛夏读来，当能消几分暑气。明清之际的文学家王思任，有《为冒辟疆题并头茉莉》诗："鬟花并蒂忽双擎，交颈才分入笑迎。蛱蝶梦魂传素影，鸳鸯心事到无情。玉跗战得钗儿并，香俪投将帐子轻。多少西船章贡下，输他一宿便倾城。"（《文饭小品》）这是对冒辟疆、董小宛伉俪爱情生活的赞歌，并头茉莉是对他俩最温情的祝福。就管窥所及而言，传世的咏茉莉作品，词胜于诗。《憩鹤杂录》载邛州人庐申之[洞仙歌]《咏茉莉》云："玉肌翠袖，较似酴醾瘦。几度熏醒夜窗酒，问炎州何许清凉，尘不到，冰花剪就。晚来庭户，悄暗数流光，细拾芳英，黯回首，念日暮江东，偏为魂销，人易老，幽韵清标似旧。正簟纹如水帐如烟，更奈问月明露浓时候。"此词典雅，意境幽远，堪称是阳春白雪之作。

与此词类似的，有清中叶苏州人吴锡麒的《咏茉莉花篮·瑶花》："浓香解媚，清艳含娇，簇盈盈凉露。金丝细绾，讶琼壶冷浸水如许。玲珑四映，问恁得相思盛住。已赢他织翠裁筠，消受美人怜取。几回荡着轻肋，听吴语呼时，争傍篷户。拎来素手，爱袖底，犹带采香风趣。斜阳渐晚，看挂向粉舆归去。到夜阑，斗帐横陈，梦醒蝶魂无据。"这大概是咏茉莉最长的词了。

花篮簪茉莉，赏心乐事也。清代苏州才女席蕙文的《虎丘竹枝词》有云："平波如镜漾晴烟，正是山塘薄暮天。竟把花篮簪茉莉，隔船抛与卖花钱。"买花、往花篮簪花的喜悦心情，跃然纸上。

南方、北方女性都喜戴茉莉花，但南方女性将茉莉插于鬓旁，通常插于右鬓，一朵茉莉足矣；梳髻者，也有插于髻上的，可谓"动人春色不需多"。北方女性插茉莉，往往缺乏这样的规范化，不免给人以散乱之感。为此诗人舒位的《虎丘竹枝词》带着不无嘲笑的口吻说："抹丽花开蝴蝶飞，湖船儿女买花归。北人不识簪花格，丫髻山前雪一围。"这虽然对北方女性有些失敬，但我们不难从中看到南北文化的差异。

明朝中叶江南诗人王樨登《咏茉莉篇》云："章江茉莉贡江兰，夹竹桃花不耐寒。三种尽非吴地有，一年一度买来看。”可见至少明中叶前江南并不产茉莉，而是从外地运来的。

其实，溯本求源，茉莉本来是舶来品，原产波斯，汉代传入中国，魏晋的记载中，或写作末利、抹厉、没利、末丽等，正如李时珍在《本草纲目》卷十二所说：“盖末利本胡语，无正字，随人会意而已。”经过国人千百年的培育，茉莉几乎遍布神州大地，仅从明代来看，上自嫔妃贵戚，下到升斗小民，都喜欢茉莉花。而茉莉花茶、茉莉花酒的风行，更使茉莉花声名大振，贫富皆宜，雅俗共赏。无怪乎诗人江奎高声吟哦：“他年我若修花史，列作人间第一香。”此乃实至名归，非虚誉也。

读金庸《碧血剑》札记

磨剑十年成大器

童年时读贾岛的名诗：“松下问童子，言师采药去。只在此山中，云深不知处。”不禁对云雾深处的千仞高山及隐者，充满了神奇而又迷茫之感。稍长，读武侠小说，尤其读《蜀山剑侠传》，对峨眉山及剑客、剑仙的无限向往，简直不可名状。直到前几年，有机会登上峨眉山颠的金顶，眺望茫茫云海，回想起童年情愫，不禁哑然失笑。

近读《碧血剑》第三回，无异于重温我童年的旧梦。这正是包括金庸小说在内的优秀武侠小说的魅力所在。君不见，在常人根本无法攀登，几乎举手可摘星辰、“不敢高声语，恐惊天上人”的高山之巅，穆大侠、木桑老道一庄一谐，向袁承志传授武艺，承志幸何如也！并有救过他性命的哑大汉及两只通人性的猿猴为伴，实在是他的福分。把棋子当做武器，是金庸的一大发明。在远离尘嚣的巨石上，古松下，练棋子、棋盘的攻防不二法门，委实让人眼睛发亮。至于金庸写金蛇郎君绞尽脑汁地设置诡秘、歹毒、神奇的种种机关，是不是“机关算尽太聪明，反误了卿卿性命”？袁承志无意之中发现了机关，从而得到了重宝秘籍，对于已苦学了十年武艺，成了华山派后起之秀的他，究竟有何意义？不过是金大侠祭起悬念的法宝，让读者眼花缭乱，想定一定神，再往下瞧个究竟罢了！正是：

莫道居高声自远，全仗明师细指点；
磨剑十年成大器，况有金蛇遗宝典！

且看大河浪淘沙

看这第六回书，我们不难悟出，人生的一大悲哀，莫过于梦醒了，无路可走。金蛇郎君行将诀别人世时，才悟出即使用十万两黄金换见温仪一面，又岂可得乎？此君聪明绝顶，但他却不懂这句大俗话：没有钱是万万不能的，但钱不是万能的。清人龚定庵曾说过，安得黄金百万两，交结天下美人名士，不亦快哉！金蛇郎君已是美人在抱，却不知珍惜，实在是大俗人一个，死不足惜。

世末多丑角，吕七先生就是其中的一个。区区烟袋，拿在手里吞云吐雾，也就得了，却偏要把它当成似乎所向无敌的法宝，结果成了一钱不值的哭丧棒，自己只落得哭丧着脸，夹起尾巴，溜之乎也。此类庸才，并非江湖特产，政治舞台上又何尝少见？正是：

手持烟袋丑巴巴，装腔作势有名家。
莫道吕七何其多，且看大河浪淘沙！

历史关节仔细看

六十年代，有人发挥著名历史学家陈守实教授（梁启超弟子）的观点，著文论述明末社会矛盾与清初各项措施，认为清初的重大政治、经济措施，解决了明末的社会矛盾，使清初的社会得以稳定，生产力得以发展，从而推动了历史的前进。洪承畴、范文程、冯铨辈，因熟知明朝的症结所在，故各项条陈建议，均能对症下药，被清王朝采纳、实行，因此，他们所起的历史作用，是正面的，应当肯定；清朝人坐稳了江山，修国史时，把洪、范等人列入贰臣传，并不能作为我们今天评价这些人物历史作用的标准。

此文作者，在“文化大革命”中红得发紫、活像从酱缸里爬出来，最后随着“四人帮”的倒台而被扫进历史垃圾箱。但是，不因人废言，我以为此文的根本观点，今天看来，仍是可取的。令人佩服的是，金庸在本回书中，写范文程、宁完我等在盛京宫殿上向皇太极出谋献策，正是从一个独特的视角，展示了这一历史进程的部分面貌。读者看本回书时，不可被刀光剑影沉醉，而忽略了这部分内容。须知，这些才是明清之际历史风云变幻的一大关节也。正是：

历史关节仔细看，刀光剑影只等闲。
若知身后贰臣传，范文程辈早心寒。

开怀大笑能有几

在香港中文大学举办的首届国际武侠小说研讨会上，有次一位小姐风风火火地赶到会场，很不以为然地说：“这样讨论太严肃了！武侠小说是写给读者看的，只要好看就行。”我小声问身边的《明报》记者林翠芬小姐：“这位是谁？”她也小声地告诉我：“吴霭仪。博士，写社评的。”久闻吴小姐大名，这次总算“闻名不如见面”。当时我心里不很自在：这是学术讨论会，包括我在内的学者，当然要严肃地把武侠小说放到学术层面上讨论。

不料后来在晚宴上，倪匡直言不讳地说：“我看了会议的论文，真严肃得让人吃不消：武侠小说是写给读者看了玩的，哪有那么多的思想性、学术性，不要去拔高！”

现在看来，两位的高论，可谓入木三分。金庸、古龙等写的武侠小说，为什么历久不衰？最重要的一点，还不就是因为好看、好玩么！就这第十回书而言，相当好看、好玩。袁承志与山东帮、河北帮群盗的斗智、斗勇，将他们玩弄于股掌之间，令我多次捧腹大笑。有几处描写，显然采用了电影蒙太奇手法，精彩之至。而袁承志的掷人、叠箱、登箱等细节的描写，俨然在放卡通片，令我童心复萌，几乎要与青青、阿九一起拍手称快。看过法国电影《勇士奇遇记》吗？这回书，称得上是中国勇士奇遇记，热闹、开心、妙极了！正是：

人生识字忧患始，开怀大笑能有几？
刀箭丛中觅欢乐，武林金侠谁能比！

五毒苦斗鬼神惊

这第十五回书的最精彩处，恐怕要数五毒之争。中国历史文化太悠久，坏东西、怪东西，几乎与好东西一样，也是源远流长，甚至地久天长。太远的不说，即以宋朝而论，南宋学者曾敏行撰《独醒杂志》卷9载“南粤俗尚蛊毒、诅咒，可以杀人，亦可以救人，以之杀人而不中者或至自毙”，可知宋代南粤蛊毒风行。在明代，蛊毒更形猖獗，有蛇毒、蜥蜴毒、蜣螂毒、草莓毒等若干种，“食之变乱元气，心腹绞痛，或吐逆不定，面目青黄，十指俱黑”。（明·李乐：《见闻杂记》卷7）但是，蛊毒并非无药可治，全赖如小说所描写的冰蟾解毒、救命。

事实上，李时珍的《本草纲目》八，卷4《蛊毒》条中，记录治蛊之药多达163味，其中颇有神效者。光绪年间申报馆曾做聚珍版印《四溟琐纪》，该书卷7，载苗家夜间“放蛊出饮”，竟然“空际如流星闪电”，岂不吓杀人也么哥！

而明清其他一些笔记、野史的记载，蛊之神秘莫测，更使人目瞪口呆。武侠小说往往被人视为作家随意编造的故事。“此邦焉可托？唯有乌托邦”。其实，至少金庸的武侠小说，涉及太多的人文知识。正是：

五毒苦斗鬼神惊，千年蛊害更揪心；
绝色教主长已矣，孰料遗害直到今？

报国无门谁之过

“老天爷，你年纪大，耳又聋来眼又花。你看不见人，听不见话。杀人放火的享着荣华，吃素看经的活活饿杀。老天爷，你不会做天，你塌了罢！老天爷，你不会做天，你塌了吧！”（清初·艾纳居士：《豆棚闲话》卷11）

过去，某些史家曾大肆歌颂这首“歌谣”是明末农民的“革命歌谣”，反映了农民所谓“塌天改世”的“哲学思想”。我曾著《〈边调曲儿〉辨》一文驳诘。读了本回书中被大顺军搞得家破人亡的老妇的悲愤呼号，更使我坚信，这是一首咒骂农民军的民歌式的诗。

李自成既向封建皇帝转化，一部分部下既已干着杀人放火的勾当，百姓为什么不能痛骂？我以为，老妇骂得好！而且我相信，博学多才的金庸所写的老妇的控诉，与这首《边调曲儿》何其相似乃尔，他肯定是从此《曲》顺手拈来，化为“散文”的。

事实上，20世纪40年代有人曾将此《曲》谱曲，改名《老天爷》，用以发泄对当局的愤懑。金庸当时正风华正茂，对此歌当耳熟能详。

全书归结为袁承志等心灰意懒，去国远行，让人感慨万千，诚然，“道不行，乘桴浮于海”，这是我们的老祖宗提倡过的，原本无须大惊小怪。但回首古月今尘，有多少志士仁人乘桴而去？即以金庸本人而论，20世纪50年代初，不是也曾满怀报国志，北上京华，想在外交界一显身手吗？结果是被拒红门，只好再次“乘桴浮于海”，凭着他的天资英发，勤苦不懈，终于在海外成就了一个金色的金庸。

我为袁承志掷笔长吁。金庸并没有把他去国前悲愤、无奈的心情充分描绘出来，未免太惜墨如金。明代大手笔屠隆写过一曲《大江东》，抄录如下，或可形容袁承志心情于万一：

骇世路，羊肠太行。论人心，罗刹瞿塘，委实难防。狠戈矛，从容笑里藏；毒羽箭，一霎间中放；黑漆漆装下了陷人坑，响当当直说出瞒天谎！那里讨一副奸人面孔，高力士肚肠？直弄得人裹鸱夷饮剑铓……（屠隆：《娑罗馆逸稿》卷1）

正是：

全书一曲浪深沉，长江黄河水不停。
报国无门谁之过？挥泪行行复行行……

居高声自远

“居高声自远，非是藉秋风。”近读著名学者白钢主编、人民出版社出版的十卷本、四百余万字的《中国政治制度通史》，我不禁想起了这两句古诗。

纵观时下学术界，“居高”者不乏其人，但有虚、实之分。有的凭借有权、有钱者的“秋风”，炒作大书，舆论呼啦啦吹过林梢，越过山坡，飘然而至，俨然是高水平的著作，“当惊世界殊”；但经行家审视，吹来的不过是流俗学者与权、钱交易的不正之风，彼辈哪里懂得“高处不胜寒”，“大有大的难处”！此谓虚，也就是假也。另一种著作，是货真价实居于高水平线上，《中国政治制度通史》就是这样一部值得刮目相看的优秀著作。

我以为，《中国政治制度通史》能否成为高水平的学术著作，取决于三个条件：著者必须对政治学研究有素；对断代史的研究在史学界居于领先地位；由简入繁，不可一步就“跃上葱茏四百旋”。这里，我们就不妨用这三条标准，来衡量本书。

白钢本来是研究历史的，后攻政治学，可谓由史“从政”。把政治学引进史学研究领域，在我国起步很晚，因为严格地说，政治学作为一门独立学科的恢复、重建，不过是十几年前的事。难能可贵的是，白钢没有像有的学人那样，仅仅接过政治学的模式、术语，去简单化地模拟中国政治制度史的逻辑架构；老实说，那样做，不过是徒有其表，“换汤不换药”而已。白钢在设计本书的学术思想体系和总体结构时，没有从概念出发，而是从中国历史实际出发，对政治制度史的内涵进行严格的政治学规范，把研究的重点，放在对历代元首制度、中央决策体制和政体运行机制的探索上，并以此为轴心，铺陈各单项政治制度，力求能比较准确地反映出历代政治体制运行机制的特点。通览全书，这个题旨贯彻始终，构成特色，是运用政治学去剖析政治制度史的成功范例。

我曾经在一篇文章中说，专史必须立足于断代史的深入研究上。令人欣慰的是，本书各卷的著者，都是饱学之士，而且多数人与我稔熟，因此我敢说他们是史学界的一流学者。如殷商史、先秦史专家王宇信、杨升南研究员；秦汉史、魏晋南北朝史专家孟祥才、黄惠贤教授；宋、辽、金史专家朱瑞熙、白滨、李锡厚研究员；元史专家陈高华、史卫民研究员；清史专家郭松义研究员及清史学界后起之秀杨珍副研究员等。事实证明，他们名不虚传。如元代卷，历来读史者因元朝疆域辽阔、种族繁杂，其设官分职，往往与前朝有异，名称更杂糅多种语言习惯，每感头痛。然而，陈高华、史卫民博览元代史料，稽考甚勤，对元朝政治制度叙说简明精当，分析鞭辟入里，给人以廓清迷雾、耳目一新之感。这是浅学之士所不能为的。

1992年春天，我在刊于《人民日报》的《评〈中国政治制度史〉》一文中说："全书70万字。我以为，这是迄今为止，学术界奉献给读者的最有分量的中国政治制度史，值得一读。"这本书的主编，也是白钢，而且作者都是断代史及专门史的专家。正是在这个基础上，经过专家们的不懈努力，以及白钢的精心筹划，数经寒暑，才产生了百尺竿头更进一步的《中国政治制度通史》。由简而繁、逐步深入，是本书一项成功的经验。从中我们不难得到这样的启示：与其相反的是，想一鸣惊人、一步登天，以字数多、分量大取胜者，绝非成功之道。

（原载《光明日报》1997年6月21日）

功夫文章学子书

这是一句老话。1989年秋，当时我并不相识的武汉高战先生，在报上著文，用此话作标题，肯定我的一本书，很令我感动。午夜梦回，我不免暗自心惊地反问自己：我当得起这样的盛誉吗？这不时的反问，至少也可以减少自己的文人的通病，每每三分得意，便七分轻狂。平心而论，时下著述多如牛毛，但能当得"功夫文章学子书"这七个大字的，恐怕充其量也不过是万分之一。近读陈学霖教授的新著《明代人物与传说》（香港中文大学出版社出版），我觉得用"功夫文章学子书"评之，他是当之无愧的。

此书由《明太祖文字狱案考疑》《明初都督宁正父子传记辑补》《〈明史·徐贲传〉纠谬》《刘伯温建北京城传说探赜》《〈真武神·永乐像〉传说溯源》《永乐朝宦祸举隅》《王景弘下西洋之史事与传说》

《李贤与"土木之役"史料》《漆工杨埙事迹考述》《暹罗贡使"谢文彬"事件剖析》十篇学术论文组成。

即使是史学圈外的人，看了这些文章的标题，也能感受到其学术分量。这些论文虽然都发表过，但此次结集前，每篇都经过著者的修订和润饰。而有几篇文章，由于新史料的发现，著者更作了大幅度的增删改动，充分显示出孜孜不倦、一丝不苟的严谨学风。

学霖先生的这些研究成果，对明史学作出了重要贡献。例如，海内外有相当一批明史著作，包括影响巨大的吴晗《朱元璋传》，述及明初文字狱，都依据赵翼《廿二史札记》《明初文字之祸》等资料，说朱元璋炮制"表笺之祸"，在名士徐一夔、释来复等所上表章或诗文中，寻寻觅觅，因文字声音触犯朱元璋对"僧"或"贼"等词忌讳，如以"则"嫌于"贼"，"生知"嫌于"僧知"，"法坤"嫌于"发髡"等而惨遭杀戮，并由此而给朱元璋下结论："其初学问未深，往往以文字疑误杀人。"学霖先生对此未敢轻信。他旁征博引，钩稽史实，以史源学为突破口，发现此类案件，明初文献并无记载，嘉靖以后的野史稗乘，才议论纷纷，而到万历末年的《国朝谟烈辑遗》则更写得有鼻子有眼，像煞有介事，至清人赵翼的《廿二史札记》则已集大成，俨然定谳。经学霖先生考证，徐一夔寿终八秩，何尝死于明太祖刀下？来复涉嫌与胡惟庸同党而死，亦与文字狱无关。如此等等，所举证据，均确凿、过硬，堪称铁板钉钉，有力地廓清了明初史研究中的几重迷雾。

犹忆十几年前，明史学界的老前辈王毓铨教授访美归来，示我以学霖先生这篇大作的抽印本，研读之后，茅塞大开，始知海外对此类问题，20世纪50年代初即已注视，而以学霖先生用力最勤，故成果最丰。正是在这篇佳作的启迪下，我也开始考辨明初文字狱某些史料的真伪，写了《明初二高僧史迹考析》（参见拙著《明清史散论》），纠正了《七修类稿》的相关谬误。

学霖先生的其他论文，或考辨，订《明史》《明通鉴》之讹，或钩沉，使湮没不彰的人与事，重见天日，如指出在土木之变中，图谋行刺王振者为李贤，弘扬漆工杨埙在中国漆艺史上的独特地位等，无不显示出他治明史的深厚功力。

同样引人注目的是，学霖先生用第三只眼睛看明史。这指的是他以社会学、民俗学、宗教学的独特视角，审视刘伯温建北京城的传说，小中见大，指出传说故事虽然荒诞不典，但从中仍可窥知某些蒙古习俗、明初在北京和南京建城的史实，以及蒙汉两族民族传说的相互交流，显然具有重要价值，值得史家垂注。“他山之石，可以攻玉。”这样的研究方法，是值得我们借鉴的。我以为，此文与他在1970年发表的研究《烧饼歌》的大作，有异曲同工之妙。

陈学霖教授原籍广东新会，1938年生于香港，后负笈美国普林斯顿大学，获哲学博士，专攻宋元明史，著有中、英文《宋史论集》《刘伯温与哪吒城》等十种，可谓著述宏富，学如积薪。他是个拾薪不辍者，厚积薄发，与轻薄为文者有天壤之别。几十年来，为了史学，他常年远离在美国的妻儿，先后在澳洲、新西兰、日本和香港、台湾等地讲学、研讨，牺牲了不少亲情。“道路随缃帙，乾坤到彩毫，丁年无旷日，乙夜有燃膏。”（李因笃：《顾亭林先生二十韵》。《寿祺堂诗集》卷6。）学霖先生正是这样一位勤奋、坚韧的史学家。

虎年2月24日于老牛堂

“沉舟”浮出水面——读向阳湖书二种

“沉舟侧畔千帆过，病树前头万木春。”这是中唐诗人刘禹锡《酬乐天扬州初逢席上见赠》诗中的名句。犹忆“四人帮”被粉碎、结束了给中华民族造成空前浩劫的“文化大革命”后，不少人都喜欢吟诵这两句诗，庆贺制造黑暗者已被钉在历史的耻辱柱上，迎接我们的是万木争荣的无限春光。但是，学术界、文化界的有识之士，并没有一味地陶醉在春光里。他们坚信必须将“文化大革命”置于理性审判台前，对其产生的土壤、沉重的教训，进行历史的、多层面的反思。否则，谁又能保证摧残春天的那种严寒永远不再来？

二十多年来，若干有心人，一直以各种方式，克服重重障碍，在从事这项工作。其实，形象地说，他们干的就是打捞“沉舟”、医治“病树”。如果不打捞“沉舟”，找出“沉舟”沉没的原因、教训，“侧畔千帆过”的船队，仍会有下沉的危险；而不医治“病树”，查明病因，参天大树仍有枯萎的可能。

近读李城外同志编著的《向阳情结——文化名人与咸宁》（上）及《向阳湖文化人采风》（上）（均由人民文学出版社出版）这两种书，我深感城外就是一位孜孜不倦的打捞向阳湖“沉舟”的人，而且可喜可贺的是，经过多年努力，“沉舟”已经浮出水面，这两种书的出版，便是明证。

向阳湖位于湖北咸宁，就是古代赫赫有名的云梦泽。在“文化大革命”中期，从1969年至1973年，文化部在此设立“五七”干校，先后聚集了六千多名干部及家属，一边劳动，一边“斗、批、改”。真可谓“向阳湖畔凄凉地，风雨五年置此身”。当时，“五七”干校遍布国中，但今天看来，没有一处干校能够具有向阳湖干校广泛、深远的影响。这是因为，在文化部干校内，文化名人荟萃，作家冰心、曹禺、张光年、陈白尘、沈从文、萧乾等，在国内外具有广泛的影响；而单士之、朱家溍、顾学颉、王利器等，则是公认的文物专家、古文献及古典文学研究家。应当说，他们都是国宝级人物。他们在向阳湖度过的朝朝暮暮，经历过的风风雨雨，遭受过的屈辱、损害，以及抚慰过他们受伤心灵的鄂南山水、明月清风、朝露夕晖，特别是贫苦农民那份淳朴、真挚的情谊，他们不会忘记，历史更不应忘记。

多年来，李城外在繁忙的行政工作之余，积极组织当年的向阳人写回忆录，陆续在《咸宁日报》或别的报刊发表，现在汇编成册，这就是《向阳情结》一书的由来。书中有萧乾、臧克家、张光年、楼适夷、韦君宜、牛汉、陈早春等35位著名作家、学者的回忆文章，这是研究“文化大革命”的珍贵文献；而这些文章，又由于出自大家手笔，情文并茂，行云流水，读来令人或笑，或哭，或哭笑不得，实在是文学的珍珠滩。

《向阳湖文化人采风》，是李城外多次风尘仆仆，在京中采访冰心、楼适夷、张光年、萧乾和文洁若夫妇、周巍峙、严文井、陈原、张兆和、牛汉、吴雪等三十多位著名文化人的访问记。这些文章文笔清新，是很好的散文。城外不仅忠实地记录了他们对向阳湖如梦往事的回忆，不管是不堪回首，还是蓦然回首，既是为历史作证，更是斜阳系揽；须知，其中不少人已是风烛残年，时不我待。端详本书所刊四十多幅彩色照片，我不胜感喟。冰心老人、曹禺先生、楼适夷先生、韦君宜先生的照片，都是他们住在医院里，由李城外摄的。冰心老人与本世纪同在，是中国文坛的幸福；曹禺先生亲笔为《向阳情结》题签，却未等到此书出版，即遽归道山；而小说家、编辑家韦君宜，她只能躺在病榻上艰难地读报，令读者心酸。显然，李城外的这些采访，可以说是一种文学、史学的抢救活动，功不可没。

“沉舟”浮出水面，这对文学界、现代史学界、政治文化界，都是一件令人瞩目的幸事。我们应当为脚踏实地、锲而不舍打捞“沉舟”者李城外及大力支持他的咸宁地委、文坛前辈们，表示祝贺与感谢。愿有更多的志士仁人参与打捞“文化大革命”的“沉舟”，根本目的当然只有一个：神州纷纷“沉舟”、参天大树日渐凋零的噩梦，永远不再来，而千帆竞发、万木交辉的美景，永远伴随我们走向未来！

3月16日于京南牛屋

墨葬

古往今来，人死了，有土葬、火葬、水葬、天葬、食葬、悬棺葬等。若论神秘莫测，当推悬棺葬：在遥远的古代，不知用何种妙法，把棺材送往“高处不胜寒”的悬崖峭壁洞穴中？今夏游三峡，我仰望云际古代巴蜀人悬棺穴，百思不得其解。若论残忍，该数非洲原始部落“食人生番”的食葬：人死了，他们干脆将死者吃掉，这是文明社会万万不能容忍的。至于天葬，即把死者的肉切成碎块、把头骨砸碎喂苍鹰。事涉宗教信仰，局外人不便置评，不说也罢。

但是，君知否？还有更让人触目惊心的墨葬！它对人的践踏、文化的摧残、精神的扭曲，是任何一种葬法都望尘莫及的。

长夏苦热，重读已故历史学家陈登原教授的名著《古今典籍聚散考》，读到其中的第七章《四库全书馆与禁书运动》、第八章《抽毁与篡改》，心头悲凉无已。在文字狱的黑网中，有多少典籍被抽毁、篡改！作者慨乎言之：“吾人若知四库修书时摧残典籍之状，则知其言之非无所知，而益叹独夫民贼之所以戕贼文化者，盖无所不用其极。而所谓《四库全书》者，在辑集古书以外，且为艺林制一浩劫矣。其所禁者，则散焉佚焉；其所取者，则残焉讹焉；郅治修文，其效可睹矣。”事实上，修《四库全书》对文化的浩劫，学者是有目共睹的。此前，史学大师顾颉刚先生在《四部正讹》的序文中，一针见血地指出：“我常觉得影印《四库全书》，是件极蠢笨的举动；徒然使得世界上平添了许多错误的书，实非今日学术界所应许。”而稍后，鲁迅先生更在名文《买〈小学大全〉记》《病后杂谈之余》中，尖锐地抨击《四库全书》大量删改书籍，“文苑中实在没有不被蹂躏的处所了”，“纂修四库全书而古书亡”。近日杂文家陈四益作长文《〈四库〉四记》，其中《删书记酷》，我以为这个“酷”字，实在是可圈可点。应当看到，有相当一部分书，被删改得面目全非——而且不露痕迹，可以说名存实亡，比毁尸灭迹式的焚书，也许更糟。对于这些遭殃的书及其作者来说，他们是被彻底埋葬了，但埋葬的工具，不是水，不是火，也不是悬棺、苍鹰，而是乾隆皇帝及馆臣的笔。说得更直白一点，是被墨葬了！

当然，这样的墨葬，并非前无古人，后无来者。即以明初为例，朱棣夺权成功后，为在思想文化上剪除异己，大兴文字狱，不但查禁政敌方孝孺的诗文，连他人诗文集中，凡提到方孝孺名字的，“皆用墨涂之”（《明诗纪事》卷七）。其他建文帝的殉难诸臣，也概莫例外。但平心而论，无论是明代还是其他王朝，就墨葬的规格、严重后果而论，比起乾隆时的修《四库全书》，真是小巫见大巫了！

至于来者，最堪注意的，无疑是“文化大革命”。“殷鉴未远”，我们是记忆犹新的。由《炮打司令部——我的一张大字报》进一步在全国掀起打倒一切的大字报狂潮，花费了多少纸张、墨汁？又有多少人的名字在大字报上被打上红叉后横遭迫害、凌辱，被活活整死？被黑浪滚滚的大字报所埋葬的受害者，恐怕当代及后世史家绞尽脑汁也难以考证出精确数字。但有一点应当是肯定的：横扫神州大地的墨葬，论其规模及严重后果，确实是“史无前例”的！

如此空前的墨葬，是否一定绝后？理应如此。但是，前提之一，是我们及后代子孙，必须牢记古今墨葬的历史教训。每念及此，不才难免心有戚戚焉。修《四库全书》时的凶残歹毒，现在不是已被某些人——有的还有金光闪闪、而且越来越耀眼的头衔，轻描淡写，化为晓风残月吗？而且居然连《四库全书》的光盘也有了！去问问中学生甚至大学生，“文化大革命”是什么？很多人恐怕只能茫然以对。“一朝被蛇咬，十年怕草绳。”我在“文化大革命”中期，曾被“打倒”“彻底批倒批臭，让他永世不得翻身”之类的铺天盖地般的大字报，墨葬达七年之久。

我诅咒墨葬。人们，请记住历史！

（原载《中国文化报》1998年8月15日）

重读救荒史

在抗洪斗争取得全面胜利的凯歌声中，北京出版社重新出版了邓拓在1937年用笔名邓云特出版的名著《中国救荒史》。我在1960年曾经带着对现实问题的种种困惑，认真阅读此书。今日重读，不禁感慨万千。

1960年，正是“三年自然灾害”期间。这年的夏天、冬天，我分别去了建湖县水乡和无锡郊区探亲。两地虽然有苏北、苏南之别，但都是盛产水稻的鱼米之乡，河流密如蛛网，既未旱，也未涝。但是，瘟疫一般蔓延的“共产风”，先是在“吃饭不要钱”的口号下，一些农民放开肚皮吃饭；接着是，农民的生产积极性被严重挫伤，不肯下地插秧，甚至后来发展到不肯收割，而夜晚，偷割成风。做饭时，柴草不够烧，便继续砍树木，饥饿无情地煎熬着千家万户。灾荒越来越重。但是，到底什么叫灾荒？邓拓在《中国救荒史》的《绪言》中，非常明确地下了这样的定义：“灾荒基本上是由于人和人的社会关系的失调而引起的人对于自然条件控制的失败所招致的社会物质生活上的损害和破坏。”这个定义，是科学总结中国历代灾害史的结果，发人深思。当时，我在一些场合，曾介绍邓拓的定义，并认为，当时已很严重的灾害，基本上是1958年“大跃进”以来，人与人关系失调引起人与自然关系失调的结果。不料后来被人揭发，列为“右倾”言论，“文化大革命”中更升级为“三反”言论，是什么“黑帮分子邓拓的吹鼓手”。所幸噩梦早已过去，邓拓的这部书又重新出版，科学的理性之光，是不会消失的。

更应特别指出的是，邓拓的救荒史，以及他在书中对灾害下的定义，今天仍然对我们富有启迪，具有现实意义。在滚滚而来的商品经济大潮面前，如果人们仍然只顾眼前利益，盲目围垦造田，让“八百里洞庭湖”水面越来越小，继续破坏长江、黄河等大泽巨浸的植被，导致人与自然关系的严重失调，那么，滚滚洪魔肯定还会重来肆虐！愿有更多的人从邓拓书中有所悟。

（原载《中华英才》1998年第21期）

《腕儿》联想

读陈四益的《腕儿》，使我想起不少往事。我们都是复旦校友，他比我低两届。但四益在话剧《红岩》中有声有色地先扮演许云峰，后改演甫志高时，我还在历史系读研究生，而且复旦话剧团的台柱之一、扮演特务头子徐鹏飞的董力生，是我同窗，在攻读中国近代史。当年《红岩》在复旦登辉堂首演时引起轰动的热烈场面，至今仍历历在目。

熟悉中国戏剧史的人都知道，洪深、余上沅等教授扶植的复旦剧社，曾在话剧舞台上活跃于一时。复旦剧社成员、中文系的高材生凤子，后来成了著名戏剧家。赵景深教授特别欣赏她，给她的试卷批105分，真是打破常规。陈望道校长、杨西光书记对复旦剧社的鼎力支持，更是复旦人难以忘怀的。复旦剧社隶属于学生会，经费很少，根本不可能排演大型话剧。陈校长知道后，为之捐出他的名著《修辞学发凡》的稿费。杨西光无论是在当复旦的党委书记时，还是调任上海市委担任要职后，都对复旦剧社很关心。复旦排演《红岩》时，著名导演杨村彬就是由他亲自打电话邀来复旦执导的。我离开大学教席，走进研究机构，已经十九年，对目前大学校园生活相当隔膜。像陈望道那样的学术泰斗、杨西光书记那样的领导干部，能热忱关怀、支持学生剧社的，不知是否后继有人？遥望浦江，不胜怅然。

时下的腕儿，大大小小、真真假假，令人目眩。相当一部分人，站在名利的最尖端，但并不自重。对着麦克风假唱者有之；临场罢演，使组织演出者急得要上吊、观众等傻了眼者有之；保镖左右护持、俨然小国酋长、一脸装模作样者有之；自称“娘娘千岁”、偷税、赖账、公然赏给观众耳光、在回忆录中把肉麻当有趣者有之；学领袖模样，却向灾区伸手捞钱脸不红、心不跳，事后还振振有词者有之，如此等等。这与我在复旦求学时见到的演艺明星们，是多么的不同呵！

一代名伶言慧珠，曾几次率戏校师生来复旦演出，一张入场券才几角钱，有一次是赵景深先生请来义务演出的，分文未收。海报是不才所作，我画了一朵很大的红牡丹。那天天气炎热，我在后台，看到言大姐穿着汗衫，对镜化妆，脸上淌着汗，既无电风扇，更无人替她打扇，她却笑容可掬。她堪称是真正的红牡丹！白杨、秦怡、孙道临、陈述、王蓓、胡庆汉等都到复旦演出或朗诵过。每年的元旦晚会，都少不了上影著名演员的身影。陈述演唱的《教我如何不想她》，表情凝重，似乎是肝肠寸断，而歌词却是“天上飞着飞机，地上爬着蚂蚁，蚂蚁爬上我的头皮，啊，教我如何不想她……”真让人笑掉下巴！胡庆汉朗诵的高尔基的《海燕》感情奔放，激昂处，似穿云裂石，撼人心弦。他们多半从市区坐一个多小时的公共汽车来复旦演出，从不摆谱。

值得一提的，按时下标准，赵丹应当说是超级大腕儿，或特级天王巨星了吧？拍《为了和平》时，他为了塑造好闻一多先生的形象，曾特地到历史系教室听周予同教授讲课。他很随和，同学们也视他如常人，无一人起哄。对今天如痴若狂的追星族，我百思不得其解：配吗？值吗？呜呼！

如果称颂赵丹、白杨、言慧珠、孙道临等表演艺术家是高山、大河，当前演艺界某些腕儿，不过是小土堆、小水沟，而且土堆上杂草乱长，水沟里漂浮着异物。“文化大革命”时曾大肆讨伐今不如昔论，其实，在我们史学家看来，历史上今不如昔的现象何其多也。就说前述腕儿吧，无论是艺还是德，比起他们几十年前的前辈，不是道道地地的今不如昔吗？“无可奈何花落去”，燕子何时才归来？难矣哉，恐怕是没戏了！

（原载《生活时报》1998年9月7日）

别了，《兔园策》

虎年已是岁末，兔年即将来临。在送虎迎兔之际，不禁想起有关兔子的种种掌故。我以为，《兔园策》的故事，是耐人寻味的。

时下年过花甲者，一般都很熟悉旧时私塾里的启蒙读物，诸如《百家姓》《三字经》之类，简单易学，很适应三尺童稚智力的初级阶段，至于《大学》《中庸》之类，多半费解，故当时的儿童每每发牢骚曰“读《中庸》，屁股打得鲜红”！但是，《百家姓》《三字经》之类读物，比较晚出，远不及《兔园策》资格之老。

《兔园策》又作《兔图册》，其作者史料记载歧异，有的书说是唐杜嗣先撰，或谓虞世南撰，这里存而不论。唐太宗李世民的儿子李恽（蒋王）热心教育，命僚佐模仿应试科目的策问，编成问答题，引经史解释，分四十八门，共十卷。汉代梁孝王曾有很大的园囿叫兔园，故此书取名《兔园策》。但在唐代，并未风行天下，至五代时，才流行于民间，成了私塾的课本。由于这本书的体例比较呆板，也未免太官气，行文又追求对仗、押韵，不够通俗，所以流行一阵后，就被别的优秀儿童读物所取代，《兔园策》正应了一句俗话：“兔子尾巴——长不了。”今天，我们只有在敦煌文献中才能看到它的残卷，重温一千多年前的依稀旧梦。

不过，《兔园策》毕竟在唐代，特别是五代的政治、文化生活中打下烙印，当时的很多高官，不学无术，目光短浅，见识鄙陋，因而被时人讥为《兔园策》水平，如同今天我们嘲笑某些带长字号人物的水平是“小儿科”一样。声名不佳的几朝元老、政治不倒翁“长乐老”冯道

（按：近年有人为他翻案，大声喝彩，我看是邪了门了！），更是一位典型。据《旧五代史·冯道传》《新五代史·刘岳传》等史料记载，有一次冯道上朝，任赞、刘岳二位官员随其后，冯道几次回头看他们，任赞故意问刘岳干什么，刘岳大声说："忘记拿《兔园策》了！"以此讥讽冯道的治国才能，只有《兔园策》的水平，并非官大就学问大。冯道听了当然勃然大怒。但是，这样的讥评，是很准确的。事实上，他除了精通权术，八面玲珑外，又有多少学问，多大本事？

大江东去，"逝者如斯夫"，冯道那样的政界老奸巨猾之徒，虽不可能"千古典型今复见"，但是，类似此公的《兔园策》现象，却屡见不鲜。我听过台湾演员说的相声，讽刺某部长回答记者的各种提问，总是哼哼哈哈，不置可否；或者说"我们正在请专家、学者研究"云云。何以如此？无非是此人读书不多，也就是除《兔园策》之外，胸中并无他策。咱们这儿，官更多，问题也就更多。有的要员作报告，居然由秘书代劳，全部从报纸上抄来，没有一句话是属于他自己的，甚至把原稿上的"接下页"也高声照念不误，引起全场哄笑。如此才能，其实又在《兔园策》水平之下，真让人哭笑不得。

兔年即将来临，我们热烈欢迎。但是，对于政治文化领域里的《兔园策》现象，我们要大声疾呼：别了！但愿不再来。

（原载《中国民航报》1999年1月22日）

霸气

不才当过编辑，曾几次接到有名甚至无名学人来稿，附笺庄严声明：不得改动一字。余不禁哑然失笑。夫文章非遗嘱，连错别字亦不得改动乎？余处理此类事颇简单，毋论是谁，立即退稿。

“千寻铁锁沉江底”，“金陵王气黯然收”。况我辈区区文士乎！近几年来，知识贬值，出版学术著作甚难，学人之霸气，收敛多矣。而某些握有出版大权之出版家，则日渐骄横，著者稍有不慎，作品即可能遭封杀；将关系户之水准线以下作品，强行塞进著名学者书中，搭车出版；擅自妄改前言、后记，加上著者对出版者感激涕零语；如此等等，真可谓霸气十足。

不过，平心而论，无论是学人、梓人，比起名满江湖之媒体焦点人物，其程度又不逮远矣。多家传媒报道，近日正被媒体炒得沸沸扬扬之某通俗小说名家，指责出版其作品评点本之某出版社为非法，而该出版社与他指定之版权代理人，则出示了与之签有的正式出版合同。余寻思，如果临时有所变化，也该礼仪协商，求得妥善解决。此公又抨击评点者只有小学生水平，更不值一哂。评点者中不乏成就卓著的学者、作家，岂小学生三字所能当得乎？为一己利益竟不惜反目，恣情贬之，非霸气又何言之？正是：

虎年去了兔年来，人至暮年应开怀。
盛名之下宜宽容，何必灞桥独徘徊？

己卯4月14日，游废都灞桥归来，光天化日之下。

（原载《文汇读书周报》1999年5月1日）

别了，老虎屎

林雨纯、郭洪义著《天地男儿》（人民日报出版社出版），是一部令人精神振奋的好书。

但它首先是一部令人灵魂战栗的书！作为特别理性的历史学家、杂文家，我向来有泪不轻弹。可是当我读了本书的第二章《天堂在哪里》，禁不住老泪纵横。请看四十多年前由于人祸、天灾交织造成大饥馑年代里不堪回首的一页：随着深圳逃港狂潮的呼啸而起，南岭村有三分之一的人也涌向边境，演出了一幕又一幕的悲剧。在公社紧急召开的反"偷渡"现场批斗会上，南岭村邻村的两位有"村花"之称的姐妹俩，被捆绑着押了上来，姐姐的脸上留有两道长长的爪痕，裤子裂开了长长一个口；妹妹肩膀上的衣服已被撕开。这是碰上边防军的狼狗了！她们的父母都在香港，怎不想偎依在双亲膝下，过上幸福的日子？无路可走，选择偷渡；被抓回来，是断喝声、怒吼声震耳欲聋的批斗。批斗会后，这对美丽的少女，感到无路可走了，服毒自尽。而历年为赴香港而在山上、海中冻死、饿死，甚至被同伴谋财害命或为争夺一点余粮相互残杀而失去年轻生命的偷渡者，恐怕历史学家绞尽脑汁也难以考证清楚。呜呼！令我惊异的是，当时南岭村的民兵排长张春年，听说大狼狗怕老虎屎，特地托人到广州动物园辗转买来一块巴掌大的虎屎，揣在怀中，在夜幕下，闯过了闻到虎屎气味立即丧魂落魄的大狼狗的"狗门关"，跑到香港。自古以来，作为百兽之王，老虎有太多的传说、掌故，晚明时江南松江名士陈眉公著有《虎荟》一书，堪称洋洋大观。但是，此书却无虎屎能令狼狗闻风而逃的记载，眉公更做梦也不会想到，三百多年后，区区虎屎，竟然有此等妙用，这不能不是历史的悲哀。

香港曾被很多人、特别是当年的偷渡者视为人间天堂。几千年来，在沧桑古道上挣扎、喘息、呻吟的我们的贫穷先辈，做过多少富贵、安定的人间天堂梦？然而，从来没有，也不可能实现过；即使有少数人梦醒了，也无路可走。是党的改革、开放的政策，改变了南岭村的历史命运，铸就了张伟基为首的天地男儿，使千年梦想成为活生生的现实。逃港的噩梦，已被埋在历史的深处。曾被妙用的虎屎，无用了，不亦快哉！

2000年11月13日于老牛堂

好书不厌千回读

我是20世纪30代后期出生的，五岁入小学，读书至今，真是捧着书本，陪伴着本世纪的一半。读书分精读、泛读两种。作为一名史学家，我需要读大量的史籍，这里不必说了。作为一名性喜博涉的学者、作家，不管见到什么书，我都喜欢随便翻翻——事实上，这不仅是鲁迅先生的教导，也是我读大学时周予同老师的教诲。

尽管如此，有几种书，我是经常读、反复读并要永远读下去，直至老到读不动为止。这就是：《史记》《日知录》《十驾斋养新录》《文选》《古文观止》《唐诗三百首》《绝妙好词》《元人杂剧选》《元曲选》《红楼梦》《西厢记》《水浒传》《鲁迅全集》（特别是其中的小说卷、杂文卷）。每当我出远门时，一想起这些书，真是魂牵梦萦。而晨昏月夕，每当我在静静的书斋“老牛堂”中重新展读这些书，如见故人，喜不自胜。值此世纪交替之际，我希望年轻的文史爱好者，也能常读这些书。好书不厌千回读！我坚信，这些书将薪火相传，与山河共存。

2000年12月29日于老牛堂

（原载《海南日报》2001年1月7日）

万里长风吹古愁

读了作家刘庆林先生的大著《倾斜的年轮》，我不禁想起了清初爱国诗人宋曹的悲壮诗篇《吊司石磐墓》中的两句诗：“应怜中土成荒塞，万里长风吹古愁。”现在对年轻一代说“文化大革命”往事，真有“白头宫女说玄宗”之感。这不能不是一种历史的悲哀！虽说结束“文化大革命”至今不过24年。但由于种种原因，十年“文化大革命”对中华民族在政治、经济、文化方面的浩劫——特别是对人性的摧残，在出版物，尤其是新闻媒介上，成了“破帽遮颜过闹市”，“欲说还休”。这就不可避免地形成这样一种局面：在25岁左右的年青人的脑海里，“文化大革命”惨祸，基本上是一片空白。他们哪里知道，“应怜中土成荒塞”——十年间，偌大的赤县神州，居然成了除“红海洋”“样板戏”外一无所有的文化沙漠；他们何尝晓得，“万里长风吹古愁”——被呼啸着铺天盖地红色狂飙裹挟而来的，是古老的封建专制主义僵尸的大出祟：“万寿无疆”之声不绝于耳，和尚念经式的“语录”读个没完，带有宗教色彩的“早请示，晚汇报”伴随着亿万人的晨昏月夕，在所谓神圣的、庄严的“最最革命”的口号下，多少人被迫害，遭凌辱，“株连九族”的惨剧在人间无数次地重演……

古今中外的历史经验早已证明：不管哪个国家，倘若国民忘记历史上最为沉重、惨痛的一页，那么这页历史就可能重演。所幸环顾国内文坛，一些有识之士已经清醒地认识到这一点，正在拿起笔，写下他们在“文化大革命”中的切身经历，以及对这场浩劫的理性思考。刘庆林正是其中佼佼者之一。

我曾经在一篇文章中说，“文化大革命”期间，骤然缩短了古与今的距离，现实俨然定格到古代去了。例如，朱元璋当了皇帝后，曾经残酷迫害知识分子，给一代鸿儒韦素挂黑牌，开了十年动乱中给知识分子挂黑牌游街、斗争的恶劣先河。请看刘庆林忠实记录下来的批斗武汉大学校长、中国共产党的创始人之一、对宣传毛泽东思想立下汗马功劳的李达教授的惨景：“老校长（时年76岁）被人押送到武汉大学的小操场……在‘打倒叛徒、特务、反革命修正主义分子、地主分子’的狂吼乱叫中，台上的学生强行按下他的头颅，要他低头认罪……他愤怒地大声呼喊：‘我不是反革命！我是中国共产党党员！我拥护毛主席！……'一伙人蜂拥而上，有的按他的头，有的打他的嘴，一个女同学居然挥拳在他的光头上猛击……被打倒后，学校卫生科就停止了他的公费医疗，在病危的情况下也没实施抢救……两天后，他就惨死在一间普通病房里。周围没有一个亲人和学生。死者的姓名写的是'李三'，就那么草草地拖出去火化了。他去世后，稿费被冻结，夫人石曼华没有工作，还抱养了一个小女孩，失去了生存的依靠，在校园内边挨批斗边拖板车艰难度日。"呜呼，这就是李达的悲惨下场！连李达都难逃厄运，刘庆林及其同学，被赶到湖边的沙滩、沼泽地去变相劳改，接受体力、精神上的折磨，有的被投入监狱，有的被整死，以及他儿时的伙伴，遭迫害时，居然肩胛骨上被穿上铁丝，牛马都不如……书中记录的青年知识分子的坎坷命运，也就可想而知了！

作者在大学读的是哲学系。哲人的眼光，使他比常人"更上一层楼"，思考"文化大革命"中发生的一切。在"文化大革命"初期曾经势不两立、斗个你死我活的造反派、保守派，实际上不过是被人愚弄的掌上玩偶。他在第四章中写道："有趣的是，我们这个班由顶尖儿的造反派和顶尖儿的保守派组成。大哥不说二哥，癞痢莫说光脑壳，两派各打五十大板。笑着的哲学家与哭着的哲学家没有什么两样，同样的情况使人笑，也使人哭。我们双方都饱尝了受愚弄的苦果。"必须指出，现在的不少单位，"文化大革命"的派性残余仍然存在，在用人、评职称等方面往往会明显地暴露出来。这些人至今仍然没有从"文化大革命"的噩梦中完全醒来，实在是可怜可笑更可悲。

更发人深省的是，作者在本书的结尾大声疾呼："要让我们的子子孙孙了解并读懂这一页历史，从中汲取经验教训，再也不能像狗一样舔人、咬人、吃人或被人吃，再也不能逆来顺受，甘当软骨虫或狗尾巴草，要有坚定的理想和信念，保持做人的正直和良心。惟其如此，我们的民族才有希望。"事实上，这正是作者写作此书的目的所在，也是本书的价值所在。

“江东子弟今犹在”。正如作者在书中所揭示的，当年的某些疯狂整人者，“四人帮”被粉碎后，不是摇身一变，又成了掌权者，甚至爬上去，位居要津吗？指望这样的人彻底否定“文化大革命”，岂非与虎谋皮？更让人忧心的是，某些有头有脸的人士，在回忆录中，居然对“文化大革命”中的一些倒行逆施，歌功颂德。更使人感到触目惊心的是，头上戴着红色光环的著名作家，公然著文说毛泽东发动“文化大革命”的动机是好的，斗争“党内走资派”“防止资本主义复辟”的理论是正确的，而且至今仍是有效的“强大理论武器”。这就足以证明，留恋“文化大革命”，梦想“七八年再来一次”的人，不仅有，而且活得生龙活虎，有滋有味。

严峻的现实表明，充分揭露“文化大革命”的历史真相，警示当代、后代，是多么重要！

最近，我应邀参加中央文史馆、上海文史馆联合召开的《新世纪》杂志座谈会。我在会上建议：要重视口述历史，鼓励历史知情人把自己在20世纪的切身经历，口述（或自己笔录，或请人笔录）下来，留给后世。现在看来，“文化大革命”的知情人中，1966年的大学红卫兵，都已年过半百，将近60岁了，忠实地记录下“文化大革命”中发生的一切，留下信史，教育当代、后代青年，避免历史悲剧重演，显得尤其迫切。

我们中华民族有五千年的文明史。在任何一种社会里，人民的道德主流，毕竟是好的。否则就难以解释我们的文明史，为什么总能断而相续。“衣冠不论纲常事，付予齐民一担挑。”刘庆林在书中写下的普通百姓的崇高品德——善良真挚，以及作者的亲情、友情，都是很感人的。作者作为哲人，特别理性，但他又是个感情丰富、散文功底深厚的作家，文字如行云流水，这就使本书更增加了可读性、感染力。

愿更多的“文化大革命”亲历者，能写出像《倾斜的年轮》这样好的亲历记来，文坛幸甚，国人幸甚！

2001年1月4日于京南老牛堂

明沙带雪惊寒夜

前年夏天，电影导演彭小莲女士在电话中与我再次谈起她母亲朱微明的《往事札记》。当时，我正积极与出版社联系，争取正式出版这本书。我说："等出版社定下来后，你请王元化先生作序，我写跋，而且题目我都想好了，叫《明沙带雪惊寒夜》。"小莲颇颖慧，马上就兴奋地说："太好了！这个题目正暗含我妈妈的名字朱微明。"说真的，我本来并未想到这一点，经她点破，不免额手称庆。

其实，"明沙带雪惊寒夜"，是句古诗，出自清初著名盐城爱国诗人宋曹的《吊司石磐墓》（按：司石磐是抗清殉难烈士），全诗为："击鼓天门剑气收，淮阴一死自炎刘。明沙带雪惊寒夜，白骨披星逼素秋。怀抱独龙归帝宅，指挥精卫复神邱。应怜中土成荒塞，万里长风吹古愁。"诗句悲壮、苍凉、感人肺腑。我想用"明沙带雪惊寒夜"这句诗来为朱微明老大姐的集子作跋，是用以描述在极"左"年代里——特别是"文化大革命"的漫长寒夜里，在霜欺雪压下，朱微明及其一家，如何俨然成了一小堆黄沙，横遭践踏，在非人的生活环境中挣扎、喘息。所谓的"胡风反革命集团"案，是个惊天冤案，但又是千真万确从"天"上掉下来的；而在这起震惊全国、流毒深广尤其让知识分子不寒而栗的大冤案中，朱微明的丈夫彭柏山，时任中共上海市委宣传部长，是所谓"胡风分子"中职位最高的人，所受迫害之深，也就可想而知。因此，当今年春天小莲写的《他们的岁月》出版后，我写的书评，用了《彭家风雨动神州》的标题，那是丝毫也没有夸大的。

《往事札记》终于面世。广东人民出版社的本书责编林秀珏小姐打来电话，说："这本书的软件都做好了，您的跋还没写呢，请快点写好，传真过来。"这真使我惭愧。成天忙忙碌碌，竟然将作跋的事搁到一边去了。王元化先生虽然因忙未遑作序，而年近九十的胡风夫人梅志先生，却在病中强打精神，早已作好序，并已先行在《新民晚报》上发表，老人的序写得深沉、感人，很受好评。我赶紧提笔写这篇跋。我在电话中建议小林将拙作《彭家风雨动神州》附在书末，因此这篇书评中说过的话，我不想再重复。

令我深感遗憾的是，我在上海生活过25年，小莲的哥哥在上海师院物理系读书时，我正在该院政史系执教。但是，却无缘结识朱微明一家人。看着她的遗像，我想起童年时在盐阜抗日根据地见过的那些新四军大姐们。朱大姐一生奋斗，半生坎坷，一生辛劳。倘若她地下有知，得知她的遗著出版，当会感到些许安慰吧！我坚信，虽然明天的大地、征途上，还会有冰雪、寒风、冷气，但“明沙带雪惊寒夜”的日子，毕竟是一去不复返了！任何人想开历史的倒车，都不过是白日做梦。这正是彭柏山、朱微明夫妇生前的期望。愿他俩英魂归来，微笑着审视神州大地的沧桑巨变。

非常感谢广东人民出版社出于对朱微明这位《大公报》老记者、新四军老战士的尊敬，将她的遗著收入“手记·札记”丛书中。我作为本书的推荐者，真是备感欣慰。

（原载《湖北日报》2001年2月21日，
《解放日报》3月6日，
《中华读书报》3月21日。）

为真理而鸣

1999年冬，我应邀为广东人民出版社主编一套“说三道四丛书”（后奉命改为“南腔北调丛书”），约请文友加盟，规定每人的书名只能起三个字的。我一向认为，学者也好，作家也好，起书名最能反映他们的才华、思想境界。我清楚地记得，何满子先生、牧惠先生、邵燕祥先生，都是在电话中当场不假思索地报出书名《千年虫》《沙滩羊》《谁管谁》，让我佩服之至。我致电好友文学评论家阎纲兄，他也是立即起了个书名《座右鸣》，更让我喜出望外。把人们常常挂在嘴边的“座右铭”改动了一个字，成了《座右鸣》，实在是妙不可言。

妙在哪儿？妙在颇有味也。

这“鸣”字，大有说头。据宋代著名学者王应麟《困学纪闻》卷十七记载，范仲淹在《灵乌赋》中，写下一句含义深长的话，“宁鸣而死，不默而生”。应当说明的是，《灵乌赋》中的“乌”，即“乌台”，也就是御使台。显然，范仲淹提倡的是勇于向皇帝进谏的大无畏精神，这在古代，已经是难能可贵了。胡适先生生前，非常赞赏范仲淹的这八个大字，他出版过一本集子，书名就叫《宁鸣而死，不默而生》。他还将这八个字写过好几幅条幅，赠送友人。

犹忆1992年夏，我在澳洲墨尔本市拜访墨尔本大学金承艺教授，他是清初多铎王爷的后人，夫人是林则徐的后裔，真个是“皇亲国戚”。承艺兄做过胡适先生的秘书，一直珍藏着胡先生送给他的条幅，写的也正是“宁鸣而死，不默而生”。当时，他和我一起展开条幅，欣赏胡老的墨宝，我儿宇轮当场拍下此情此景。岁月不居，承艺兄已谢世多年，这张照片成为我珍贵的纪念品，每次翻阅总要勾起我对承艺兄长的不尽思念。

当然，胡适先生以“宁鸣而死，不默而生”自勉、勉人，提倡的是为民主、自由呐喊，不惜献身的精神，与范仲淹的时代有很大的不同，这就是与时俱进吧。

当今的图书市场颇有些无序，散文、杂文越来越被边缘化。感谢中国艺术研究院及文化艺术出版社的领导，大力支持出版这套丛书。

丛书共六本，包括《文坛杂俎》（何镇邦）、《如此说来》（单三娅）、《故纸风雪》（伍立扬）、《生命深处的文字》（徐怀谦）、《春明感言》(杨学武)、《徘徊在门外的感觉》(高为)。

我再三斟酌，给这套文丛起名“座右鸣丛书”。诚然，现在是承平时期，我们用不着像鲁迅青年时期那样“大风灭烛，披发大叫”，也用不着像抗日战争时期高唱“风在吼，马在叫，黄河在咆哮……”但是，面对种种假、丑、恶的社会现象——无论是来自政界、文化界还是商界，或其他等等——岂能视而不见，不闻不问?

作家是社会的良心，总是要不平则鸣的。事实上，本丛书六位作家的文章，大部分就是“不默而生”的产物。

2005年5月23日

书林自有金石声

我是研究历史的，治史之余，性喜杂览。这在很大程度上，是受读大学时的业师周谷城先生、周予同先生的影响。谷老常在课堂上说，“治学要无所不窥”。予老则说，“无论碰到什么书，你都不妨随手翻翻”。我便读了法国丹纳的世界名著《艺术哲学》，不仅从中知道了艺术发展的脉络，欣赏了许多精美的插图，更感受到丹纳注重艺术作品产生的历史背景，以及艺术家所处的时代和环境，丰富了我的历史唯物主义理念，扩大了我的视野。

随着改革开放的深入，西方的文化观念传入中土，文章、著作如雨后春笋般涌现，我不时翻阅这些作品，感到失望。我在拙著《明朝酒文化》的序中，曾写下我的感受：有些人始终停留在空谈方法论的阶段，满口经过“二道贩子”倒卖后拾来的洋人牙慧，及自己杜撰的概念，简直近似谈玄。我讽刺他们类似《红楼梦》中的“渺渺真人”“空空道人”。

马克思曾经说过，世界上惟一的一门科学，就是历史科学。理论家吴江老先生据此发挥，称“马克思主义是一门大史学”。因此，我在阅读时，几乎把所有著作都当成历史著作来阅读，看这本书能否做到历史感与现实感统一，能否经得起历史检验。

最近我津津有味地读完了丁亚平先生的《艺术文化学》。这是一部洋洋四十多万字的大书。全书分上、下卷，除绪论《走向开放的艺术文化诗学》外，共八章。我想，仅仅从本书的大标题上，即能看出它的学术分量。如上卷的标题是《艺术文化的概念和本质》，下卷的标题是《艺术文化关系的诗学》，尤其是下卷的标题，颇为引人入胜。把艺术文化的关系，放到诗学的境界来探讨，真可谓别开生面。这绝非是吊诡或故弄玄虚。事实上，作者在下卷探讨的是艺术与宗教、艺术与科学、艺术与社会、艺术与性别的关系，具体而又深入。

就艺术与科学而言，不少学者甚至包括杨振宁这位大科学家都探讨过。但管窥所及，本书的论述最为详尽、严密。作者在透彻地分析了艺术与科学之间的天然联系后，又清晰地指出二者之间的分野及面临的问题。其要点是：科学家在其探索活动中固然不无感受和发现美的能力与契机，但这种与科学相关的美仅仅是潜藏在感性美后面的知性美，和艺术美并不相同。接着又分析了科学研究时的好奇心、想像力等要素与艺术创作的意象跳跃的区别，以及其他一些重要区别，相当全面、深刻。

《艺术文化学》对各种问题的探讨，都是置于历史星空的大视野下，充满历史感。仍以第六章《艺术与科学》为例，作者一开始便回顾了近代世界的变迁与进步是与科技发展同步的，并回顾了马克思主义的发展与自然科学思潮的关系。任何事物都有一个发生、发展的过程，艺术文化学也不例外。作者抓住了历史发展的脉络，也就抓住了艺术文化学的灵魂。

全书的论述范围涉及古今中外，但今的比重很大，包括中国当代的话剧、电影、绘画、音乐，这就使这部皇皇大著有很强的现实感，而无象牙塔里的冬烘气。还需指出的是，本书几乎每页都有精美的插图，这些图片是行文密不可分的有机体。有些图片，我是首次看到，眼睛为之一亮。其中一幅弗朗索瓦·吕德所画的《马赛曲》，观之令人热血沸腾。

当今学术、文化界的浅薄、浮躁之风，人甚厌之。但是，莫道青萍风乍起，书林自有金石声。我相信，《艺术文化学》是一部能经得起历史检验、掷地有声的优秀著作。

2005年9月16日

休想封杀

读了《文汇读书周报》2005年7月8日头版新闻《戴逸：欢迎批评，但休想封杀〈中国通史〉》，听戴逸说："参加编写此书的同志们做了很大的努力，取得了很好的成绩。"他断言《中国通史（彩图版）》是一部好书，休想封杀。笔者认为，诚然王曾瑜对戴逸、龚书铎主编的《中国通史（彩图版）》之批评严肃、尖锐，但王曾瑜并未说要封杀此书。再之，王曾瑜无权无势，想封杀也封杀不了。

问题在于，《中国通史》真的成绩那么大？"是一部好书"？否，该书问题成堆。

一、中国通史、史话、历史故事，结构、写法向有定势。戴逸主编的《中国通史》无纲无目，无章无节，实际上是插图本中国历史故事，却堂而皇之标榜为《中国通史》，无非卖狗悬羊。

二、历史普及读物不等于降低历史科学之标准。惟其普及，影响面大，更应注意历史知识之准确性。王曾瑜所指该书宋代部分的问题确系事实，戴逸强辩不仅徒劳，而且说民间故事对于“历史普及读物，不能完全绕开不提”，恰恰表明其普及历史知识时，降低了历史科学标准。

三、《中国通史》插图甚多，选图者自有一份辛劳。但所有图片均未注明来源，有不少是国家历史博物馆、故宫博物院珍藏品，如注明，对读者也是普及历史、文物知识之重要环节。何况已构成侵权，该书图片几乎全部用的二、三手资料。有的重要图片，必须选者亦未选。如正德初年绘明代全国行政区域图《舆地图》《南都繁会图卷》等。

四、不少论断似是而非。如说明代宦官专权始于英宗，事实上永乐后期即已开始；说明人服饰之剧变始于“晚明万历以后”，事实上弘治、正德时，南北服饰已大变，被不满者斥为“近服妖”，如此等等。

五、淡化封建专制淫威。清代文字狱时间之长、手段之残忍、后果之严重，为历代之冠。但该书清代部分，轻描淡写。吹捧“《四库全书》的编定，是中国学术文化史上规模空前的一项盛举”，只字不提大肆抽毁、全毁书籍，致使“纂修《四库全书》而古书亡”（鲁迅语）。从乾隆三十九年至四十七年，乾隆皇帝连续下令烧掉的书达13862部之多！对此暴行，戴逸为何视而不见？！

《中国通史》这样一部平庸之书，竟打着中国史学会旗号，居然还得图书大奖，不能不是《二十年目睹之怪现状》之一。曹邺有咏李斯诗，甚有味，节录如下：

一车致三毂，本图行地速。
不知驾御难，举足成颠覆……
难将一人手，掩得天下目！……

2005年7月18日于“以渺小为虚大”斋

《新编日知录》序

2001年冬，云南人民出版社出版了复旦大学中文系傅杰先生编的《二十世纪中国文史考据文录》。该书二巨册，计2129页，内收20世纪165位文史学者的考据文章，且多为长篇巨制。虽然，百年学苑群星灿烂，目不暇接，仍难免有沧海遗珠之憾，如先师陈守实教授（1893—1974）的长文《明史稿考证》，梁任公曾评曰："得此文发奸擿伏，贞文先生可瞑于九泉矣。"《文录》未收此文，不无遗憾，但傅杰以一人之力，能编出如此厚的学术典籍，难能可贵，不愧是当代鸿儒王元化先生的高足。但是，面对这二大本巨著，掩卷沉思，我不禁想到：青年文史学人，买得起此书的，能有几人哉？更不用说读完全书了。

好几年前，我曾经萌发过将近80年来专家学者写的短篇考据文章，选出若干篇，编为一册的想法。读了《二十世纪中国文史考据文录》后，更启发我编辑此书。我把编书设想电告兰州大学出版社总编辑张克非教授，他认为这很有学术价值，乐于出版，并很快寄来出版合同。

我从2004年春天开始选编，因不断还忙着其他的事，陆陆续续直到已是炎夏，过端午节时，才将此书编完。我并非是研究史学史、文献学的学者，而且健康不佳，没有精力在各大图书馆奔波。好在我平素性喜杂览，寒斋藏书不少，基本上只能就家中管窥所及，进行选编。计划只编一本小书，故穷数月之力，也仅选出64篇文章，约十几万字，书名冠以《新编日知录》。

《日知录》是三百多年前思想家、史学家顾炎武（1613—1682）的一本重要著作。全书32卷，除了少数条目，如卷十的《苏松二府田赋之重》文字稍长外，其余多为短篇，一条或数十字，或数百字，很少超过一千字的。但顾炎武写作此书，"积三十余年乃成"，差不多倾注了一生的心血。他在《与人书十》中曾说："某自别来一载，早夜诵读，反复寻究，仅得十余条，然庶几采山之铜也。"（《顾亭林诗文集》第98页，中华书局1959年）顾炎武对《日知录》寄予厚望。他在《与人书二十五》中说："有王者起，将以见诸行事，以跻斯世于治古之隆。"当然，这只能是历史的悲哀。顾炎武在《日知录》中开出的治世药方并不切实际，因而封建统治者并未将此书当一回事。顾炎武以严谨学风、千锤百炼般铸就的这部大书，倒是成为了学术经典，对开创清初朴学之风起了重要作用。

我将这本小书名曰《新编日知录》，不仅在于我相信书中所有学者都读过《日知录》，受过此书的熏陶，还在于这些文章，除个别篇什外，大部分都是短文，在不同程度上类似《日知录》。这些考据文章，大部分都考得铁证如山。有些文章虽非考据，但所引史料都经严格检验，结论是科学的。因此，编辑本书不是东施效颦，而是继《日知录》余绪，发扬其考据的求实精神。

诚然，史料考据并非万能。但研究文史，第一步就是搜集史料，实证是基础工作。如何取得可靠的实证？这就必须懂得考证功夫，去伪存真，否则就不可能获得第一手的可靠材料。因此，我编辑本书绝不是鼓吹回到乾嘉时代。本书不仅仅是向读者展示若干可靠的历史结论，从根本上说，是为了向读者展示治学的基本方法。值此学风日颓、浮躁之风甚嚣尘上之际，我希望通过本书向文史学人——尤其是青年学子，提倡像顾炎武那样"矿山采铜"，踏踏实实，孜孜以求，持之以恒地做学问。下一番考证功夫，使文史立于坚实的基础之上，而不要浮于沙滩，转瞬即成泡沫。坚信区区悬衷，不至落空。

甲申年端午节于老牛堂

世说新语

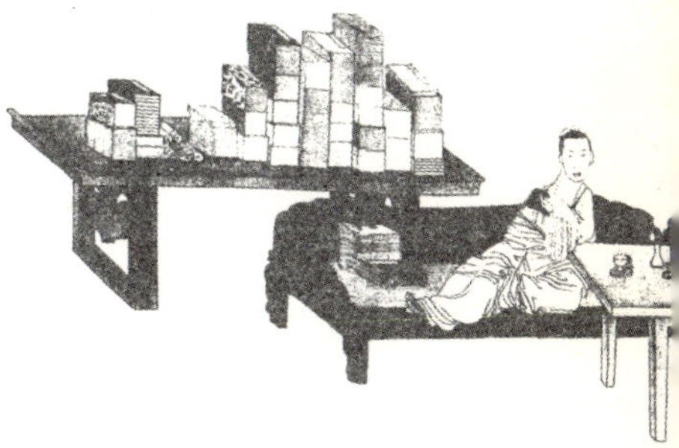

阿Q千秋

著名小麦专家金善宝教授百岁诞辰时，电视台记者前往采访，询及长寿之道，老先生曰：我是阿Q崇拜者。在极“左”年代曾历经坎坷之诗人公刘则愤激语曰：“中国人倘没有一点阿Q精神，还能活下去吗？！”余友某，史学家也，十年动乱中，遭“四人帮”迫害，数陷囹圄，但重见天日后，却未见衰老状，举手投足，依然豪放，人皆异之，此公曰：“我在囚室，抬头不见北斗星，但抬头即见司马迁，每思及他老人家惨遭腐刑，而我的却完好无损，将来‘机关’照样‘办公’，夫复何求！其余尚有何事不能咬牙忍受哉？”有位史家撰有《阿Q族谱考略》文，历数千百年前之阿Q先辈，并在文中惊叹，阿Q虽未与其苦恋之吴妈结婚，却又哲嗣绵延不绝，“真乃斯亦奇矣！”如此看来，倘喊阿Q万岁，未免那个；若说阿Q千秋，则显属实至名归。正是：

沧桑神州，阿Q千秋——
幸也不幸？毋庸深究。

（原载《文汇读书周报》1996年6月1日）

马桶学者

亡友马雍教授曾与余侃马桶与文化掌故，余所知者，均来源于书本，马兄长我数岁，走南闯北，博闻多见，所述有极可笑者。如：湘潭有学者某，乃其父执，终日手不释卷。晨起，即在院中置马桶一，小几一，几上置香茶一杯，糖果瓜子数碟，然后边方便，边饮茶，边用小吃，边读书。余闻之捧腹，曰："据记载，欧阳修作文，巧思多得之于上马桶时。但欧阳修之清福，不逮此公远矣。"马兄拊掌以为然。正是：

晨雾朦胧，朝霞正红。

"马"上治学，何其从容。

（原载《文汇读书周报》1996年9月7日）

当仁不让

某著名史学家，曾至某大学历史系作学术报告。该系系主任作开场白曰："今天我们很荣幸地请到著名历史学家某教授给我们作学术报告，大家鼓掌！"掌声雷动。细心人察觉，某教授闻及"著名历史学家"时，顿时不悦，但旋即强作欢颜，开始报告。此公素以擅作长报告闻名，无四小时，决不罢休。众皆知尊老敬贤，乃我民族传统美德，故均强打精神，耐心听完。系主任按例作闭幕词曰："让我们再一次热烈鼓掌，感谢著名历史学家某教授给我们作了这样精彩的报告！"掌声虽不热烈，但毕竟再度响起。听者如释重负，纷纷站起退场。不料此公立刻站起，正言厉色道："请诸位坐下，我还有话说！著名历史学家——有著名封建主义史学家，有著名资产阶级史学家，有著名马克思主义史学家，我是著名马克思主义史学家！"众人闻之，甚感惊诧，散会后，咸窃窃私语曰："马克思主义史学家可自封乎？"余闻之不然，作赞曰：

表壮里壮，实乃好样。

马列自诩，当仁不让！

（原载《文汇读书周报》1996年9月7日）

重拾荒城

著名学者某，近正创作长篇小说《重拾荒城》，风格酷肖《围城》。余有幸得睹其中一节，述及青年张山、李斯领结婚证已逾二载，却相约均考取职工夜大后，始完婚。天可怜见，是年秋，双方均接到夜大录取通知书，当夜即入洞房。洞房花烛夜，人生极乐时。此公描写道："他们继续考试……先做的问答题，似乎有些漫不经心，后做的填充题，就很投入了……"余以为，若非大学者，不能有此绝妙文字也。现特抄出，聊博读者一笑。正是：

重拾荒城，播雨耕云。
何日完稿？卓尔不群。

（原载《文汇读书周报》1996年9月7日）

大题小作

近日报载：作家刘绍棠先生赴宴，有女歌手请其点歌，并自称各种歌俱会。刘绍棠遂正色曰：国歌，你会唱吗？我就点这首歌。女歌手答曰：不会。刘遂义正辞严曰：你连国歌都不会唱，还唱什么歌！消息不胫而走，各报竞相转载，似乎刘绍棠多么重视国歌，其爱国热忱，无处不在，足为世人风范。但不才心有戚戚焉，堂堂国歌，乃铸我民族魂之歌也！岂容在宴席、卡拉OK厅随意点唱？退一万步言之，在美食佳肴前，或酒醉饭饱后，闻"起来，饥寒交迫的奴隶"，果能开胃口，助消化？或毋忘在公款吃唱之余，一抒爱国情怀？真乃不堪思议也！装腔作势，断非精神文明，媒体何必"曲儿小，腔儿大"，一再鼓吹。另有一事，亦令人纳闷：某剧作家下海，贺客如云，其中一位剧作家贺词曰："起来，饥寒交迫的奴隶，把我们的血肉，筑成我们新的商城。""长"改为"商"，也许不失为神来之笔，能博得某些人的一笑。

但巧则巧矣，国歌歌词之庄严性又置于何地？倘竞相效尤，恐国歌则不国矣。正是：

大题小作漫自夸，装腔作势有名家。

劝君何必建蜃楼？不如省力修篱笆。

（原载《文汇读书周报》1997年1月4日）

冬天童话

大诗人海涅著《德国，一个冬天的童话》，享誉世界文坛。十几年前，遇罗锦著《一个冬天的童话》，也曾轰动一时。此皆文学作品也，不足为怪。令人称奇者，在茫茫神州，大千世界中，冬天的童话层出不穷，却是活生生现实。不才近日收到一位读者来信，信封署曰：《中华荟萃人才》之一、入典《世界杰出人才》之×××。展读之下，令我惭愧万分，如此杰出人士，不才过去竟一无所知，实在孤陋寡闻。尽管年年发大水，亦有旱灾，各种名人竟然恰似雨露滋润禾大壮，“遍地英雄下夕烟”，令人目不暇接。平地一阵烟，突然冒出个“郭沫若的得意门生”，被小报炒得沸沸扬扬，而知情者几乎笑掉大牙，是又一例也。名人如此，凡人又如何？《劳动报》10月7日载：9月6日重庆至广州的141号车厢内，五名歹徒挨个搜旅客钱财，所有旅客或拱手掏钱，或呆坐候宰。《文摘报》转载此文，标题鲜明，令人难忘：“歹徒抢劫，二百旅客无人反抗；无人指认，首恶土匪逃之夭夭。”余性也愚，大惑不解：1997年乃鼠年，奈何胆怯的兔子越来越多？正是：

冬天童话亦何多，犹似风吹野山坡。

金盆狗矢添笑料，人海无日不风波。

（原载《文汇读书周报》1997年1月4日）

棚友

1980年春节，不才至沪上探亲，随旧友唐律、玄奘专家杨廷福教授给某老者拜年，甫坐下，老诗人任钧教授、老作家许杰教授即叩门而入。任公见某，即笑向许老介绍曰："这是我的朋友，不过朋字左边要加个木字，我们曾在一个牛棚。"任公语出，举座大悦。今日临窗走笔，忽忆此事，不禁喟然久之。许杰先生、廷福兄谢世多年，任钧先生亦多年不通音讯矣。当年棚友中之老字辈，日渐凋谢。《红楼梦》中凤辣子曾谓："千里搭长棚，没有不散的宴席。"十年动乱中特殊长棚几乎无处不有，又何啻千里、万里？惜无人写《棚友录》，若撰成，当属传世之作，惟时下恐难付手民耳。现将歌词圣手乔羽先生之《思念》改头换面，凑成几句，如下：

棚友，啊棚友！

我们已分别很久、很久。

愿此棚一去不复返，

永远不再有新棚友……

（原载《文汇读书周报》1997年3月1日）

众志成城

卷帙浩繁的《明实录》《清实录》及皇帝起居注之类，一般读者决无阅读之雅兴。坐惯冷板凳的史学家则不然，一页一页逐字读过去，宛如在茫茫大海中撒网，有时亦所获甚丰。近日中共中央党校出版社出版的《康熙政风录》一书，即主要取材于实录、起居注，甚有学术价值，亦具可读性。聊举一例：该书第二章述康熙皇帝政风清廉，引《大清圣祖仁皇帝实录》卷一百五十一载："康熙三十年（1691年）辛未五月丙午，工部等衙门议覆古北口总兵官蔡元疏言，古北口一带边墙倾塌甚多，请行修筑，应如所请。上谕大学士等曰：蔡元所奏，未谙事宜。帝王治天下，自有本原，不专恃险阻。秦筑长城以来，汉、唐、宋亦常修理，其时岂无边患？明末，我太祖统大兵长驱直入，诸路瓦解，皆莫敢当，可见守国之道，惟在修德安民，民心悦，则邦本得，而边境自固，所谓众志成城者是也。'”因此，他不同意修长城，认为：“兴工劳役，岂能无害百姓？”批评蔡元“其言甚属无益”。读至此，不禁为康熙皇帝喝彩者再！此公位居九五，“一句顶一万句”，倘头脑发热，下令大修长城，劳民伤财，后果岂非不堪设想？但康熙毕竟是杰出的政治家，喊出“众志成城”的响亮口号，务实精神，多么可贵。由此可见，亿万人民心一条，才是永不倒之长城也。正是：

玄烨一番宏论，堪称石破天惊。

长城修于何处？贵在万众一心！

（原载《今晚报》1997年5月26日）

王八克星

寒舍附近一楼，经三月装潢，美轮美奂，乃大饭店也，“鳖城”二字，分外耀眼；所绘数十只鳖，皆笑逐颜开，作欢迎宾客状，邻人称奇；更使人叫绝者，门口大书著名对联曰：“庙小神灵大，池浅王八多。”甫开张，食客寥寥。邻人咸曰：“专卖王八，有多少人吃得起？中央正狠煞公款吃喝风，此店不久必倒闭也。”然不出半月，此店名声不胫而走，车水马龙，食客盈门，小车塞满楼前停车场，并不断向马路延伸。邻人有小车司机，告我曰：“此间所停小车皆公车也，可见均公款吃喝者！”某下岗者愤愤曰：“什么东西，都是王八克星！”窃以为，“王八克星”，虽简洁明了，然似伤温柔敦厚之旨，以“鳖克星”目之可也。正是：

如沙之星又一星，午夜梦回心犹惊；

应书“庙小妖风大”，擒“妖”何处搬救兵？

（原载《文汇读书周报》1997年9月6日）

奇迹

十多年前，经媒体渲染，王同亿其人，颇风光一时，“词典专家”“著作等身”之类桂冠层层加码，从电视镜头看来，所编词典一大摞，委实令人目眩。不才曾亲闻有人啧啧赞叹曰：“此乃奇人创造奇迹也。”然余性也愚，素不信学术界奇人、奇迹之说。编词典乃千秋事业，非大学问家主持其事，欲成严谨著作，难矣哉。半个世纪前，陆伯鸿先生编《辞海》，历经二十载，始付梓，今日仍是学人必备之书。近日，北京高级人民法院就王同亿侵犯著作权案作出终审判决，王同亿之抄袭行径，可谓铁案如山。由是知道：奇迹终未发生也。每见学界有所谓“超人”“超天才”“精通文、史、哲、经”辈出现，某窃笑之：恐超级牛皮后定有大“猫腻”在也。正是：

治学如登地狱门，九死方能求一生。

何物奇人创奇迹？无非活剥兼生吞！

（原载《文汇读书周报》1997年9月6日）

“三大”

文友某，与不才闲聊，论及某些青年学人谓：“本事不大，能量很大，胆子更大。”真乃一针见血之论。时下图书质量让人心忧，其中不少劣质产品，即出自此辈手笔。某教授告我，其弟子应邀为某孙悟空式学人所编之大通史撰稿，一星期居然写了十多万字，若非文剿公，从何而来？鄙人曾在某社科院门口亲见一公告曰：“我们正在大兵团作战，日夜兼程，争取一个月内拿下《中国××大全》这个堡垒，交付印刷厂。热烈欢迎有识之士参加我兵团协同作战！每千字稿酬百元，预付一半。”若非“三大”者流，谁又敢如此操作此书，并公然招兵买马？知情者告我，其实此类“大兵团”已比比皆是，齐头并进，某研究所即有三大兵团云云。近日多家报纸披露：华东理工大学三十三岁的胡某某，其博士论文乃剽窃而来，随后不断剽窃，并凭此很快当上教授、硕士导师、博士导师、国家级研究中心负责人、研究所所长。东窗事发，才原形毕露：种种桂冠，皆用“三只手”偷来、骗来也。胡某某乃“三大”类人物最胡来之典型，倘若“三大”人氏召开“一大”，他有资格起码弄个常委当当。呜呼！此辈如横行天下，天下尚有学术可言乎？正是：

“三大”人士何堂皇，“兵团”作战日夜忙。

儒林必需狠打假，学术尊严不能亡！

（原载《文汇读书周报》1997年10月5日）

求名

好名之风，古虽盛之，于今更烈：其手段之巧妙，花样之翻新，可谓层出不穷。某公仆胸中墨水甚少，却欲以大学者身份面对世人，并流芳百世，乃用手中权力，令企业界出巨资，用高稿酬收买三四流学者，先后编纂百万字甚至逾千万字大部头著作，堂而皇之出任主编，出版后，又是新闻发布会，又是接受大报记者采访，好不热闹！且主编费甚丰，照拿不误，真乃名利双收。此一例也。某学会为不肯老实做学问者所把持，以弄虚作假、游山玩水、沽名钓誉为能事。接新规定，学会重新登记，需十万元注册资金。无人赞助，该会头头遂自掏腰包，凑足巨款，惟恐丧失自封、互封之会长、执行会长、秘书长之类头衔，此与昔之买官鬻爵何其相似乃尔！此又一例也。正是：

“我为无名抵死求”（北宋某举子题壁诗句，见《曲洧旧闻》），高价大买野人头；

五色光环多耀眼，其实不过是蜃楼！

1997年9月27日于毛三爷寓所

（原载《文汇读书周报》1997年11月1日）

谈“虎”色不变

谈虎色变，乃国人之口头禅也。从宋代大儒朱熹辑《二程语录》及元人王炎午《吾汶稾》等记载看来，其义乃比喻谈及可怕之事即畏惧变色，未免怯懦可笑。不过，平心而论，谈虎色变者，至少深知虎能食人，为害一方，不可等闲视之，更不会为虎作伥，此可断言也。就此而论，谈虎色变者，未必无可取之处。

反观时下，谈“虎”色不变者，不乏其人，令人惊诧。明代诗人张羽有谓：“行人莫讶深山虎，一入城中虎更多。”此“城中虎”即打引号之虎，乃贪官污吏之代名词也。20世纪50年代初，曾有轰轰烈烈打“虎”运动，使“虎”们闻风丧胆。但丧胆不等于绝种，时下此类“虎”孳衍甚夥，随腐败望风而长，为国人深恶痛绝。究其根本原因，固在于结构之腐。但谈“虎”色不变者，实亦难辞其咎。笔者曾应某电视台之邀，谈明代张居正由打“虎”而自己亦蜕变为“虎”之教训，播出不久，即被有人认为“没意思”而停播。试想，指望此辈打“虎”，岂非做梦乎？近年贪污大案，每呈集团趋势，如前泰安市委、陕西省民政厅等，以第一把手为首，形成“虎”窝，群“虎”勾结，害莫大焉。试问：彼等秘书长、局长、处长之流，若有半点谈“虎”色变之心，保持清醒，岂能堕落成“虎”帮凶、“虎”爪牙而最后同入“虎”牢乎？正是：

谈“虎”色不变，衙中每曾见。

请教武二郎：如何治此辈？

丑年岁末于邻虎居

（原载《文汇读书周报》1998年1月3日）

故弄玄虚

近日梓家出版台湾某作家之长篇历史小说《两朝天子》。此书内容尚可，文字也还通畅。但翻开目录，全书十二章之标题，竟为“龙战于野，其血玄黄”“君子终日乾乾，夕惕若”“乘马班如，泣血涟如”“明夷，利艰贞”“硕果不食，君子得舆”“鸿渐于陆，其羽可用为仪”等。文史学者及涉猎过《易经》之学者，当然知道此乃《易经》经传文辞也。但历史小说，应属于大众文学，读此类书者，学者及看过《易经》者又能有几人？普通读者绝大多数仅中等文化，看此书目录，肯定如堕五里云雾，不知所云。而为此书作序者，居然恭维这是“贯穿着深邃的玄思”，“蕴涵着义理的灵魂”，不亦妄乎！其实，在小说中故弄玄虚，并非今日始。如清中叶之屠绅，“为文则务为古涩艳异”，写小说《蟫史》，更“勉造硬语，力拟古书，成诘屈之文”（鲁迅语），实属多此一举：既削弱艺术性，更吓跑读者。细察世风，故弄玄虚又岂仅此也，君不见：有的短篇小说，句子长逾百字，却无标点；装饰一新的时髦饭店，偏冠以“燧人氏”店名；临街建成、车水马龙的面店，竟称“野人居”……不一而足。正是：

板桥之言何堂堂：直摅血性写文章。

故弄玄虚真儿戏，谁人愿喝孟婆汤？

牛年岁末于老君庙

（原载《文汇读书周报》1998年3月7日）

捉放嘲

京剧《捉放曹》，家喻户晓，讲吕伯奢放掉曹操，曹操恩将仇报，杀掉吕伯奢，逃之夭夭。大概吕伯奢式东郭先生及宣称“宁可我负天下人，不可天下人负我”的曹操式枭雄，永远后继有人，故此戏至今仍风靡天下。此不足怪也。所怪者，现实生活中每有捉放曹式活剧，然已异化为捉捉放放，不伦不类。家居不远处，乃购物中心，车水马龙，甚为繁华。马路两侧，下岗工人、小商小贩所摆之地摊，一字长蛇阵，日用百货，无不齐全，顾客咸称方便。但隔三差五，或至多半月，工商管理部门必来抄检一次，将所有摆摊者连人带车一网打尽，驱赶至大院内，一一罚款，然后释放归家。次日摆摊者卷土重来，长蛇阵依旧。如此捉放，周而复始。奥妙何在？原来此辈福利、奖金，端赖如此捉放也。此剧并非马路有，别处小异亦大同。聊举一例：余窗友某，数年前曾任某出版社社长，因印《济公传》，被有关部门严厉批评并处罚。而不久，其他出版社《济公传》却照印不误，几乎“滔滔天下皆是”，电影、电视之济公传，更大行其道。显然，对前者是捉，对后者是放，无非看酒下菜，区别对待。此类捉放曹式表演，形式虽有异，本质无不同：皆或违法，或执法外之法。岂有此理，理应嘲之！正是：

执法本应坦荡荡，捉捉放放在哪桩？

岂是水中揿葫芦，彼辈自有一本账。

虎年3月25日于大戏台

（原载《文汇读书周报》1998年5月2日）

遥看春色

北京大学百年校庆，是1998年春天国内文化生活、政治生活中一件大事。又是盛大庆典，又是大规模研讨会（虽然某外国著名学者谓与会代表有“龙、虎、狗”之别），又是大型晚会，真个是花团锦簇，春满校园。不过，不才冷眼旁观，未免心存戚戚焉，遥看春色近却无之叹，不禁油然而生。夫北大百年，有多少历史经验值得总结也！北大之光荣，为世人景仰，离开“五四”，离开科学、民主，又岂可得乎？而1957年，北大把五百青年学子划为右派分子，使他们饱受凌辱；批判马寅初先生时，校内著名教授争相表态、撰文，惟恐下石太迟，却无一人拍案而起为之鸣不平；聂元梓等殃及全国之“第一张马列主义大字报”，及臭名昭著之写作班子“梁效”，不正是北大之特产乎？如此等等，并非杂事秘辛，乃国人共知之事实，而北大校庆之连篇累牍煌煌如纪念文章，有哪一篇提及此类事？讳言历史经验教训，岂非大悖于北大科学、民主之传统？对北大莘莘学子，对国人，对历史，能算负责之态度乎？正是：

遥看春色近却无，越想校史越糊涂；
伤疤虽痛难忌讳，何必装入闷葫芦？

1998年6月18日于咫尺天涯

（原载《北京观察》1998年试刊第1期）

“毁”人不倦

某日，我与新华社一位年逾古稀的老编辑、翻译家聊天，述及她当年被极“左”者流诬陷，入狱多年之惨痛遭遇时，她愤愤然曰：“这种人一辈子就是‘毁’人不倦！”闻罢深感精辟，如见此辈肝肺也。君不见，在20世纪50年代知识界那场大冤案中起过推波助澜作用者，至今不但在回忆录中毫无悔过之意，又在“螺蛳壳里做道场”，主持大吹老掉牙的法螺，动辄给别人妄加罪名吗？妙的是，此辈不费吹灰之力，接班人即自然形成。如：近来在文化界寻寻觅觅捞世界的某文史小贩，眼睛盯着名人，横加诋毁。先是跟在余英时先生身后鹦鹉学舌，一再污蔑郭沫若剽窃钱穆著作，遭到知情人士及历史学家严厉驳斥后，不知收敛，近日又在广州某报上抛出短文，打着所谓访问冯家昇先生遗孀的幌子，编造故事，诽谤郭沫若剽窃冯氏研究李白出身“碎叶”成果，写进自己著作。据笔者了解，实际情况是：冯氏1970年去世，生前曾参加外交部组织的一项研究新疆史课题，其成果按极其严格之规定，报外交部；而冯氏上报的研究论文中，根本未涉及“碎叶”，更遑论与李白出身地之关系。惟其如此，外交部看到郭沫若的《李白与杜甫》征求意见稿后，见有“碎叶”之考证，颇为重视，才由乔冠华、余湛去拜访郭沫若，向他求教。显然，说郭沫若将冯家昇研究成果据为己有，完全是空穴来风，栽赃陷害。而炮制谎言者，正是这个意欲通过诋毁名人而一鸣惊人之“毁”人不倦者。郭沫若非神非圣，早已驾鹤西去，他在政治上、学术上之失误，谁都可以著文批评。但造谣生事，诋毁其人格，则属宵小劣行，为君子所不齿。正是：

毁人不倦何所求？墨心雕龙自作囚。

“尔曹身与名俱灭，不废江河万古流！”

（原载《文学自由谈》1998年第5期）

礼多

旧时民谚有谓：油多不坏菜，礼多人不怪。此乃小农经济为基础的农业文明之反映也，经不起现代人审视。动物油毋庸论矣，即使植物油，用之过量，亦绝对有碍健康。至于礼，我国素称“礼仪之邦”，但礼节均按政府规定或民间约定俗成之惯例运作，倘纷然无序，恣情用礼，则必定走向反面，变成礼多人必怪。聊举二例：其一，某邮局仅科级单位，办公楼前，却有数名衣冠整肃之保安轮流站岗，目不斜视，双手下垂，紧贴裤线，端立门外，俨然使馆或政府首脑机关前站岗之武警；凡邮局办公室工作人员出入，保安均举手行礼，神情之肃穆、凝重，若接受大人物检阅然，真乃咄咄怪事也！其二，寒舍路南之小区，乃文明小区，有路边铜牌镌刻文字作证。令人莫名其妙者，大门口之保安，凡见到开进小区内之小车，包括早该淘汰的十元钱十公里之黄色面的，均立正行礼。小区内有幼儿园，数名三岁许幼儿，每日从此经过，目染所及，误以为此乃“警察叔叔”文明礼貌之行为也，在马路上见到小车，即立正行礼，路人见状忍俊不禁，家长更哭笑不得。至于搞歪门邪道，送礼行贿，礼品动辄多达几万、几十万元者，更属枉法之徒，国人深厌之，往往重礼背后每有大案也。正是：

莫道礼多人不怪，礼节太过人惊骇；
童稚笑料尚余事，行贿日多太腐败！

于礼士路南天涯

（原载《文汇读书周报》1998年8月1日）

厕小风大

厕所，排泄糟粕之所在也。在相当长之历史时期内，国人只重视“进口”，不重视“出口”，故以京城而论，明代街巷根本无公厕，清代亦大体如此。新中国成立后，虽重视建城市公厕，但少而陋，市民——尤为旅客，咸感不便。改革开放以来，国人渐悟公厕乃城市文明之窗口，遂纷纷建之。令人遗憾者，不正之风亦随之吹入。笔者所在之住宅区右侧，接连马路、商业区，行人如织，极需公厕。但此间惟一之公厕，建成已逾二年，却“雨打梨花深闭门”，从未开放。某晚散步至此，见厕内灯火通明，数人搓麻正欢，询之，始知工商、环卫、开发公司等单位，为此厕经费扯皮，故建成后就是不开放，路人再急管他娘！广州某单位，忘记“初级阶段”之国情，居然盖起星级宾馆标准之豪华公厕，有咖啡室、音乐室、托儿处等，真乃匪夷所思。彼辈忘记，此处毕竟不过是排除糟粕所在，若想吸取精华，陶冶情操，赏心悦目，当去影院、音乐厅、茶楼、咖啡屋，何必来厕所轧闹猛、煞风景？果然，入厕票价太贵，加上不伦不类，厕虽豪华无人识，门可罗雀，此厕大部分已出租它用，名不副实矣。我国农村厕所，至今很糟。今春，在某机构供职之家兄，率同事至湖南公干，车行至岳阳郊区，因车出故障，司机停车修理，二位处长去一农家小院简陋厕所小解，事毕，此家农民竟以所谓侵犯其私人厕所权利为由，索要二百元，争执不休，家兄因急于赶路，令付一百元了事。呜呼，一尿百金，真乃当代奇闻也。正是：

厕所虽小邪风大，入门居然付高价；

堪笑乡间方便处，一尿百金不像话！

1998年9月20日于侧目楼

（原载《文汇读书周报》1998年10月3日）

学而劣则仕

“学而优则仕”，是古代、近代儒生之信条，凭藉科举制度的阶梯，确有不少出身寒门者，挤入仕群，为国为民，卓有建树，留香青史。“左”的年代，曾猛批“学而优则仕”，完全否定。其实，还是一分为二好，至少比“学而劣则仕”强多矣。旧时龙裔凤孙、八旗子弟中劣迹斑斑者流，固不必论矣。近观时下，“学而劣则仕”者，又何尝少见？与人聊天，每见有人愤愤不平曰：“此人在校成绩一塌糊涂，现在居然混上厅局级。”“此人在北大荒时，从不劳动，随意取走别人衣物，被称为犬儒主义者，而今却当上委员！”诸如此类。此辈学问、人品皆末流，却能步入官场“上流”，若非钻营、攀附，贱售人格，又安可得乎？即使科学研究机关，此辈也屡见不鲜。写学术论文即声称血压高、头痛欲裂，而当了处长、所长，却从此立刻血压平稳、不再头疼，出国坐飞机长途飞行更精神焕发者有之；为爬得更高，不惜打小报告，陷害学术界人士，果然如愿以偿者有之……正是：

隔官人近天涯远，文、品俱次活见鬼！

他年若无“学而劣”，民定为官挂金匾。

1998年10月21日于冷眼庐

（原载《文汇读书周报》1998年11月7日）

哭穷

哭穷乃旧式农民之通病。笔者童年乡居，见家道小康之邻人吃饭每每大门紧闭，还不时在外唉声叹气，说已一个月未食干饭矣。及长读史，始知古人中颇不乏此辈。明朝有《桂枝香》小曲，形容此类人谓：“说一声客来，魂惊胆破。一身无主，两脚如梭。慌忙躲入积钱囤，说与浑家盖饭锅。”真乃惟妙惟肖。不过，小民百姓之哭穷，比起官府之哭穷，实乃小巫见大巫也。古代不胜枚举，姑置勿论。今日之瞒产、对省甚至中央缩小国民产值、夸大受灾面积及实际损失数字、已经脱贫却仍然称贫等哭穷现象，又何尝少见？尤有甚者，有的企业生产颇红火，居然申请破产，旨在将所欠债务一笔勾销。盐城有口头语曰“哭穷捣鬼”，这捣鬼二字，可谓揭穿哭穷本质。正是：

小民哭穷，怕当富民；
官府哭穷，仍望扶贫。
企业哭穷，化债为零——
休讲面子，遑论斯文！

1998年11月22日于笑庐

（原载《文汇读书周报》1998年12月5日）

造神

“文化大革命”去今未远，人们对造神运动之空前绝后规模，及国家、民族由此付出之惨重代价，记忆犹新。党的十一届三中全会的重大意义之一，是为造神曲画上休止符。“前朝爱古调，今人多不弹”。但也许是自古文坛花样多，稍不留神，造神者即吹着猪脬，“击鼓传花”，举着“神”像，从眼前招摇过市。如，近代鸿儒康有为、梁启超、王国维、陈寅恪、胡适之，虽研究者不少，但至今并未——在不才看来也无必要——形成康学、梁学、王学、陈学、胡学之类。某公虽系大学者，实不逮上述诸学术大师远矣，却被某些文士抬头捧脚，抛向云端，号称“某学”，又是出刊物，又是出书，真乃冠冕堂皇，沸沸扬扬，恐醉翁之意不在酒，而在藉以扬自己名，啖饭之道也；又如，近几年，不但有人对某先生称颂一再升温，更有名家著文于大报，誉其为“超人”；再如，二十多年前，海外有几位文人加书商，大捧特捧金庸，欲建立“金学”，但不久即曲终人散，近闻国内又有人想老调重弹，再整旗鼓，将金庸置于云里雾里，实属多此一举也。诸如此类，被造神者所造之人，虽未成神，亦神乎其神矣。正是：

“西游演了是封神”，琴台曲老不堪闻。
请君休弹爱古调，需知世人皆凡人！

1998年12月15日于四家村

儒商

最近应某大学之邀，作东方文化与21世纪演讲。有学生提问：今日中国有无儒商？余答：管窥所及，严格说来，一个也无。而十多年来，某些媒体动辄恭维商界、企业界张三、李四辈为儒商，其实风马牛不相及也。如有人曾称颂恩威集团董事长老薛乃儒商，笔者曾与此君在会议上有一面缘，听他满口道家，思及《老子》“恍兮惚兮”云云，不禁有啼笑皆非之感。近日中央电视台《焦点访谈》对其严重偷漏税行为曝光，铁证如山，断难“一洗了之”，在关键处，他还公然说谎，声称“我是一概不知”。若定要称此君为儒，亦黠儒也。又如亦有人宣传南德集团老总牟其中为儒商。且不论此君经济纠纷缠身，曾被禁止跨出国门，即从他声称“我做生意不需要资金，我的智慧就是资金”云云，与儒家之诚、信二字，岂能合拍乎？再如某著名武侠小说作家，也曾有儒商之誉，可历年水灾、旱灾，未见此公捐过分文，却动辄声称自己信佛，沉迷佛经多年云云，致使作家李敖曾当面数落云：“佛教戒规之一，是不敛财，你有几亿财产，信佛是假的。”可见如将此公拥入太学当文学教谕，孔夫子肯定圣颜不悦也。正是：

清明时节雨，纷纷路上行人，欲断魂。借问儒商何处？有牧童，遥指大荒村。

1998年12月22日于渺渺居

（原载《文汇读书周报》1999年1月2日）

浮肿病

好大喜功，乃帝王遗风。秦始皇、隋炀帝、乾隆皇帝更系大刮此风之不遗余力者，为国人所熟知。故20世纪50年代初，当民主人士张奚若批评毛泽东好大喜功，毛泽东颇为不悦，严词驳斥，并宣称，“我们就是要好社会主义之大，喜社会主义建设之功”。于是建言者只好噤若寒蝉。结果如何？什么“一大二公”“大干快上”“大办粮食”“大办钢铁”“大放卫星”……“大”字满天飞，全面“大跃进”的结果，不但无功可言，更使全国人民尝够苦果，人祸加上天灾，使无数人食不果腹，患了浮肿病，今日之中年以上者，均记忆犹新。此生理之浮肿病，实乃政治浮肿病发展之产物。前者易治，只要能吃饱饭，大体即可痊愈，而后者植根于悠久之封建专制主义文化传统，颇难根除，极易复发。

某些报刊所载种种报喜报功数字，每每“水漫金山”。笔者今春在南方，某市财政局长告我：新任市委书记下令彻底核实全市企业实际产值，发现已上报数字中有几亿元纯属无中生有，遂如实禀报上级，要求更正，不料竟遭顶头上司严厉批评，说此数字早已上报省领导，岂能更正？在某些公仆看来，数字是越大越好，以便向上邀功。如是痼疾，时下有不断蔓延之势，一些著名企业家，即因染此沉疴而落马。如：马胜利马不停蹄地要在麾下纳进100家企业，结果使造纸厂破产，其他企业也日薄西山，马失前后蹄，他只有被免职，在家赋闲；习酒公司异想天开地要建百里名酒城，去年夏天，该公司总经理陈国星开枪自杀；

巨人集团的史玉柱，为了“横空出世”，盖神州第一高楼“巨人大厦”，几乎耗尽了生物工程的流动资金，使巨人集团出现严重危机。如此等等，也许再没有比“巨人”危机更能形象、典型地表现出好大喜功之浮肿状及其严重后果矣。事实证明，上若好大喜功，下必撒谎邀功，甚至也要妄自尊大，危害百端。正是：

好大喜功恋金匾，不胖偏要打肿脸；

请君莫忘前车鉴，需知宁静方致远。

8月22日于泼水斋

（原载《文汇读书周报》1998年9月5日）

如此风马牛

“风马牛不相及也”——这是人们日常生活中的口头禅。可悲的是，风马牛现象却随处可见。即以文化领域而论，某些风马牛现象，真让人啼笑皆非。我家的小孩及小保姆都喜欢音乐，唱卡拉OK。近日我买了20张VCD光盘，看着看着，不禁眉头越皱越紧。《二泉吟月》分明是吟唱民间音乐家瞎子阿炳凄凉身世的，旋律也是脱胎于哀婉缠绵的《二泉映月》，但画面却是一位身穿三点装的小姐，扭扭捏捏，并不时有特写的花心跳入眼帘，分明是展示一种性文化；歌词中的“恨悠悠，失明的眼睛把黑暗看透”，“失”字居然错成“实”字，意思全拧了！倘阿炳地下有知，恐怕要大哭一场的。有报道说，美国第一艘人造飞船上天时，挑了世界十大名曲到太空播放，《二泉映月》是其中之一。这不仅是阿炳的殊荣，也是中国民族音乐的骄傲。谁能料到这首世界名曲，竟被光盘制作者糟踏得如此面目全非呢！

同样令人气愤的是，自20世纪60年代以来被无数人传唱的《听妈妈讲过去的事情》，画面上居然是一个小女孩嬉皮笑脸地做着芭蕾舞的各种动作，对歌词中控诉旧社会苦难的“吃着野菜和谷糠”“又冷又饿跌倒在雪地上”展示的辛酸意境，不啻是幸灾乐祸，公然嘲弄，实在令人扼腕难平。而《长江之歌》的画面上，居然根本没有长江。电影《上甘岭》插曲中的“一条大河……”句，画面上竟然是山间一条小溪……诸如此类，牛头不对马嘴，对少年尤其是幼儿，只能起误导的坏作用。

这种偏要风马牛的现象，完全是反文化现象。如果让此风漫延，迟早就会产生类似明末、清末、20世纪40年代后期形形色色的“古怪歌”，而所有这些风马牛“古怪歌”的歌词，无一不是反社会的。

（原载《中华英才》1998年第12期）

大师

笔者童年时乡居。彼时正值抗战时期，家贫，余又颇淘气，不知卫生为何物，故不时头疼脑热、肚痛拉稀。母亲常带我去不远之陆陈庄，找一位懂针灸之孙姓农民扎针。此公识字不多，但针术尚佳，人皆以孙大师称之，其妻遂亦托福成师娘。弹指间半个多世纪过去，孙大师亦下世久矣。上穷碧落下黄泉，不知大师何处去？思之不胜怅然。由三家村之孙大师，联想起另一类大师，即国学大师是也。前年春天，余在上海小住，曾去复旦大学探望业师、年逾九十的中国思想史专家蔡尚思教授。蔡老谓：“国学大师够格者仅有三人：梁启超、王国维、章太炎。若一定要说有四人，则非胡适莫属，连陈寅恪也不够格，因为他虽精通外文，中国古籍却所读有限。”余以为，蔡老所言甚是。国学大师之桂冠，岂能随意奉送？反观时下，动辄称某学者为国学大师，如南方一家出版社所出之“国学大师丛书”，将三十余名学者均目为国学大师，如鲁迅、蔡元培、严复、张元济、林语堂、张君劢、欧阳竟无、贺麟。他们虽各有贡献，但称其为文学家、教育家、翻译家、出版家、作家、社会活动家、佛学家、哲学家可也，而尊奉为国学大师，则名实不符矣。又如北方某教授，乃散文家、翻译家，另一教授乃中国思想史专家，两位对国学之核心儒学经典，并无专门研究著作面世，近几年来，却被媒体炒成国学大师，学界多有微词。国学大师者，乃对国学之研究卓有建树、举世公认、泰斗级人物之谓也，倘随便乱封，久而久之，到处皆是，恐有降低为三家村大师之虞矣。正是：

国学大师何处求？倘欲加冠先量头；
奈何高帽满天飞，学风浅薄使人愁！

（原载《文艺报》1999年2月2日）

选家

读过《儒林外史》者，断难忘记选家马二先生。此公受聘于书贾，从科举试卷中，选评若干，简称墨程。晚明、清末，此辈更蜂起，墨程滔滔天下皆是。寒斋亦藏有几本，读来味同嚼蜡。近几年来，各种选本大行其道。古文选、今文选、杂文选、散文选、随笔选、小说选……蜂拥而来，不知凡几。管窥所及，从第一手资料入手，精心选编，并匠心独具，慧眼识宝者，屈指可数。某些杂文、随笔选者，声称"掉书袋者"不选，实际上乃摒弃学者杂文、随笔，所选文章之水平，可想而知；有的声称所选乃公认最优秀之杂文，但文坛熟知之名文《我若为王》《还我头来》《赫尔利，赫，尔利我不利》《九斤老太论》等，却不见踪影；有的作者名不见经传，而且其作品实属泛泛之作，竟亦选入，甚至不止一篇，若非选者之哥们姐们，断难解释，如此等等。当年马二先生食不果腹，虽水平不高，但以一人之力选编，总还当得勤苦二字；而时下某些选家，有教授、作家头衔，优哉游哉，且往往有帮手协助，竟编出不少在当年"墨程"水准线以下之选本，真是连陋儒马二先生亦不如矣。正是：

商潮后波逐前波，时下选家亦何多。

笑煞当年马老二：先生浅薄胜老夫！

1999年1月21日于业余一户猴

（原载《文汇读书周报》1999年2月6日）

原任……

留心媒体，"原任……"屡见不鲜。讣告历数逝者原任何种职务，尚可理解，因盖棺论定，死者不会复生，其职务亦不会复生，罗列之日，即画上句号之时也。难以理解者，报刊、电视采访或报道某些人士时，尽管他们还健在，却偏要加上原任某某长、某主任、某院长、某社长、某总编、某校长之类。有的已是著名学者，却要在其研究员职称前，冠以原任某某副院长头衔。似乎不如是，即不会受社会重视，其实纯属多此一举。一些学者以其学术成就享名于世，也有些文化人因其主编的书刊而广为人知。如今虽无某项职务，丝毫不影响其社会声望。又如介绍某经济学家，偏要先介绍他曾担任某大学副校长，难道无此经历，其经济学教授就一钱不值乎？如此等等，皆"世卿世禄"、官本位意识之变种，"官大学问大"之流露也，既与公仆观念格格不入，亦助长学术贬值之不良倾向。正是：

怪风起处生云烟，原任职务满天飞。

区区一顶乌纱帽，岂能魅力大无边！

兔年初五于"一上楼"侧

（原载《文汇读书周报》1999年4月3日）

卖痴呆

旧时苏州除夕夜，小儿每唱《卖痴呆》谣云："卖痴呆，千贯卖汝痴，万贯卖汝呆，现买尽多送，要赊随我来！”猜其意盖卖尽痴呆求聪明也。物换星移，不知今日姑苏尚有此俗否？冷观今日世风，令人生厌者，虽非除夕夜，更非小儿，出卖痴呆，让人上当受骗者，又何其多也！即以出版界而论，介绍美国之书往往只讲民主、法制、人权一面，而讳言不民主、破坏法制、践踏人权之另一面，使不少青年学子误以为美国乃人间天堂，直到近日以美国为首之北约，丧心病狂地悍然用五枚导弹袭击我驻南斯拉夫大使馆，才使他们大吃一惊，如梦方醒。某些学风败坏之学者，更堪称卖痴呆之老手。有司奉命成立之中国社科院历史所“李自成归宿研究小组”，及国家文物局李自成文物调查组，1998年已分别写出报告上报，得出相同结论：李自成确实殉难通山，石门为僧说，不可信也。但最近又有人抛出文章，除曲解史实外，还充斥“瞪着眼睛说瞎话”“痴人说梦！若非缺乏常识，则是别有用心”之类的谩骂，不知“寒碜”二字。还是词曲泰斗吴梅看得分明：

那有黄羊来祀灶？

纵使把痴呆出卖何人要！

1999年5月19日于冷观楼

（原载《文汇读书周报》1999年6月5日）

废书

时下印刷业发达，每年出书数亿册。然杂草与鲜花争色，龙鳞伴狗毛齐飞。有学者谓，传世之作，恐不及万分之一。出版社与作者之漫不经心，无疑乃废书迭出之重要原因。十多年前，某社曾重印王力先生《龙虫并雕斋琐语》，编校马虎，致错误百出；半年前，某社推出某君点校之清代鸿儒姚际恒著《仪礼通论》，居然错误千出！不堪卒读。此书流传至国外，为邻邦学者耻笑。夫《仪礼》向称难治，清初朴学大师顾炎武留心此学，亦无所成，故对《仪礼》专家张尔岐佩服之至；清末政治家、大儒曾国藩，晚年仍钻研此书。环顾海内，今日并无《仪礼》研究有素者。某君率尔操觚，且兼任校对，何其不自量也。其中若干硬伤，绝非“手民之误”四字所能开脱，而倘有当年姚际恒治学精神千分之一，又何至于此乎！正是：

白纸黑字最炼人，治学如登地狱门。

佛头著粪成千次，何颜面对姚际恒？

1999年7月21日于戏台下

（原载《文汇读书周报》1999年8月5日）

坟草

旧时口语谓：“动了祖坟一棵草，三年官司打不了！”以血缘关系为纽带之宗法制度，崇尚敬天法祖，此不足奇也。斗换星移，眼下乃文明昌盛之20世纪末年，环顾学界，类似“坟草”之事，竟迭相发生，不亦怪哉！例一，钱钟书先生驾鹤西去后，有自称乃钱公关门弟子者（按：此亦奇事也，夫钱公从未带研究生，亦未教过私塾，既未开门，又何来关门？），凡见报上文章，有批评钱公语，必致电该报，从主编至编辑，一一痛加声斥，动辄几十分钟，致该报从上到下，闻其名不寒而栗，相顾失色曰：“此人太难缠！”例二，某夫子尚健在，有人居然敢于在网上对其学术见解尖锐批评，顿遭其徒子徒孙在网上围攻，竟谓尔有何资格批评一代宗师？如此等等。学界从来没有、也永远不会有完人、圣人，纵然是学术泰斗，亦难免有失误处，倘不能批评，学术焉能前进？此类将祖坟之区区青草视为神圣不可侵犯之心态，延伸至学术界之行径，与现代人文精神，真乃相差不可道里计也。正是：

巨树落叶正待扫，何况区区坟头草？

感叹宗法阴魂在，近亲繁殖何时了？

1999年9月23日于冷眼庐

（原载《文汇读书周报》1999年10月2日）

谢反腐

反腐倡廉，深入人心。但应当看到，某些腐败分子迫于形势，另寻心思，改变行贿、受贿手法。近日文友招饮，席上有著名古董店行家。此君乃名门之后，精于字画鉴别，对古董行情，了如指掌。询及该店近状，此君一杯酒下肚眉飞色舞曰：“我们太感谢反腐败了！我们就吃反腐败呢！现在行贿——不，送礼，最稳妥高雅，莫过于送名人字画。如一港商至敝店，说要给大官送礼，该员指定购齐白石画一幅，特来办理，价钱不论！我取出齐老爷子画一幅，索价十三万元，此人二话不说，当场付款，携画而去。”闻之恍然大悟：怪不得时下市场疲软，惟独字画翘然，独领风骚也。正是：

道高魔亦高，贪贿变花招。

反腐无穷期，马鸣风萧萧！

1999年10月17日于画犬斋

（原载《文汇读书周报》1999年11月6日）

续貂

语曰：“狗尾续貂。”典出《晋书·赵王伦传》，时百姓谣云，“貂不足，狗尾续”。形容官爵太滥也。但此语流行天下，妇孺皆知，逐渐演变成两重涵义：前美后丑；自谦。就后者言，宋人周必大即有诗谓：“公诗如貂不烦削，我续狗尾句空着。”耐人寻味者，环顾出版领域，“狗尾续貂”现象，可谓层出不穷。曹雪芹著《红楼梦》后，续者纷纷，不才读大学时，出于好奇，曾读过数种，皆味同嚼蜡。尤不能容忍者，竟让林妹妹死后复生，与宝玉结婚，成了大观园之管家婆，对王熙凤等反攻倒算，真乃“惨不忍睹”。纪晓岚主持修《四库全书》，现亦有人争着重修，议论不一，笔者不欲置喙。但就学问、胸襟、才藻而言，谁是当今文达公？余未见也。又如胡愈之先生主编的《东方杂志》，名重当世，在知识界影响深远，1948年冬停刊。台湾有人续办，越办越寒碜，最终关门大吉。时下又有名不见经传者续编，提倡软文学，难道忘记鲁迅引明代木皮散人鼓词“不觉死”之典故乎？今之周必大又安在哉？有亦凤毛麟角也。恐必大辈日少，故续貂者日多耳。正是：

轰传某山神仙多，嘉树奇卉舞婆娑。

挤进山门无所见，狗尾续貂亦何多！

11月20日读凫西词后，作于龙吟阁

（原载《文汇读书周报》1999年12月4日）

急急风

戏曲舞台上有锣鼓点曰“急急风”，紧锣密鼓，撼人心弦。旧时草台戏开演前，必演此锣鼓，招徕观众。此曲本应梨园有，惊叹而今落谁家？令人诧异者，每于学术界、出版界见之，岂非咄咄怪事！君不见，有人曾在某报推出某文士小传，将此君吹捧成文史哲兼通之大学者，并捏造高级职称，刊出后，舆论哗然，经了解始知，撰稿人乃此君之情妇，而实际捉刀者正是此君本人。又如某君出版一本学术水平一般的著作后，见无人喝彩，便急忙以答客问名义，在报端抛出文章，煞有介事，自问自答，自行贴金。前年曾于京中某报见书评，谓某通史如何杰出，今年又于沪上某报见书评，称此书如何优秀，而此书至今并未出版！如此急急风，又何必也。正是：

七宝楼台慢造，锣鼓再密无效。

空名虚誉何用，请君稍安勿躁。

假怀孕

据今年第三期《杂文界》披露，今年的早些时候，有些“新生代作家”在南京举行的小说创作学术研讨会上，对鲁迅先生口诛笔伐，不遗余力。什么“他的杂文谁都可以写”“以鲁迅来衡量文学，标准太低，影响了中国文学的发展。在我们这个圈子里，鲁迅早已是个过去的话题”“我们根本不看老一辈的作品，他们到我们这里已经死亡”，如此等等，真可谓唾沫横飞，甚嚣尘上。我对新生代作家作品，读得很少，不敢置一词。就算他们才华横溢，写过一些好作品，但有哪一篇能与鲁迅《阿Q正传》《狂人日记》《药》《祝福》《故乡》相抗衡？更遑论超过。老实说，他们也许终身也未必能写出一篇赶上鲁迅的传世之作。他们如能认真将鲁迅作品——哪怕仅仅是其代表作，读过一遍，并读懂，就不会如此鄙薄我国新文学一代宗师鲁迅。年轻，并有点才气，当然是一种资本，但如果据此无限膨胀，以天下第一精神富豪自居，口出大言狂言，则未免荒唐可笑。这不禁使人想起俄国文豪高尔基批评某些狂妄青年曰：这是一种类似假怀孕的毛病，症候和真正怀孕时一模一样，但肚里却是空虚的。（《高尔基选集·文学论文选》）

（原载《中国民航报》1999年10月29日）

《学风大辞典》举隅

买空卖空：原指商业经营技巧之一，现指极便捷的治学门径。例一：某人对李自成之死素无研究，至今无一字问世，但却能挥笔题词种种，博得欢呼声四起，誉之曰"明史学界的最高权威"，并将之与章太炎、阿英并列，何其风光也。例二：略。

侯之门，学问存：即官大学问大。例一：某出版社出版一套丛书，冰心老人、王蒙等名流均文华辉映，但有一位则名不见经传，实乃某有司主管也。例二：试看各种名片，凡带长字者，高级职称何其多也。

作家：即在家胡编乱造"你爱我，我不爱你"之类作品，且自我感觉极好者（注：部分人士也。）以及"全都换""鲁太愚"麾下"分田分地真忙"者。

三国专家：熟知五虎上将姓名，并知张飞字翼德、马超字孟起者。

红学家：能将荣宁二府故事的冷饭炒得红透发紫者。（注：非全体也。）

学者：并无多大学问、更无著作传世者。（注：虽非全部，却屡见不鲜。）

新国学大师：对儒学经典《十三经》一经也不精者。

博导：即博士导师。其中某些人并未博览群书，也无像样著作，却以博得导师名义为快乐者。

署名：名利地盘。例一：某传记丛书，均学者著，但封面均赫然印上主编大名，经考证，始知此公乃出版该书之出版社总管也。例二：石景山人有曰，名欲天下先，赶快当主编。

文化掮客：能穿过针眼，在文化、图书市场呼风唤雨、腾云驾雾者。

歌星：能按五线谱唱歌的寥若晨星。

1999年8月17日

世纪梦

面对世纪之交，美梦三千。我梦见孙悟空跳出如来佛手掌心，用千年虫破了观音菩萨的紧箍咒，一筋斗翻到大上海，在南京路成立

“花果山出版社”，兼营“齐天大圣图书发行公司”，门前树上的仙桃任人采撷；又梦见不才在北京王府井大街办起“金圣叹书局”，开张之日鬼才魏明伦送来金匾，上有金人瑞老夫子亲笔所书“不亦快哉”……正是：

莫笑岁寒好梦多，只缘欣逢世纪初。
假作真时真亦假，且待春风舞婆娑。

12月24日于金家小学

（原载《文汇读书周报》2000年1月1日）

“小学生”

近日媒体纷纷报道文化艺术出版社向北京中级人民法院状告某武侠小说权威作家损害该社名誉权案。据悉，该院已向该作家发出传票。法院当会做出公正判决。该作家去年春天，曾公开抨击冯其庸、严家炎、王春瑜、陈四益等几位，对其小说之评点，是“小学生水平”。作为与该作家有数十年交谊、曾颇受其敬重的一位学者接受记者采访时，无奈叹曰：“难道我还要证明自己不是小学生吗？”由此不禁联想起王蒙。当初该作家曾一再向出版社表示，希望王蒙参与评点。出版社为给其面子，谎称王蒙在国外访问，无暇顾及云云。实际上，据知情者透露，王蒙当时在京中表示：“我自己写小说还忙不过来呢，这位作家的小说又不是《红楼梦》。”拒绝参与评点。余对王蒙此举佩服之至，倘当日参与评点，这家小学岂非又多出一人乎？近闻王蒙对该作家此举有三字的评语，此处不足与外人道也。正是：

荆轲死后无侠客，翻手为雨覆手云。
请教寒家庸夫子，人间要否义与情？

元月19日于金家小学

（原载《文汇读书周报》2000年2月5日）

书名

时下雅俗共赏、过目难忘之书名，真乃凤毛麟角。有的书名如《丰乳肥臀》，俗不可耐；有的书名如《痛并快乐着》，莫名其妙；有的书名如《一个老太监的故事》，比太监还要乏味。书名乃智慧之结晶。如昔之《古今谭概》，因书名无特色，问津者寥寥。后经朱氏兄弟删削，取名《古今笑》，请文学家、戏剧家李渔作序，笠翁增加一“史”字，成《古今笑史》，读者一目了然，爱不释手，从此备受青睐，至今仍一版再版，畅销不已。近闻何满子将出版《千年虫》、牧惠将出版《沙滩羊》、邵燕祥将出版《谁管谁》、阎纲将出版《座右鸣》，诸先生皆起书名之高手也。正是：

莫将书名视等闲，绝妙好词难上难。

且看笠翁增一字，多少读者尽开颜！

2月22日于无风楼

（原载《文汇读书周报》2000年3月5日）

虫灾

笔者儿时乡居，曾见蝗虫飞天蔽日，所过之处，庄稼全被啃光，至今每一思之，仍觉心惊。埋首书斋故纸堆中，多年不见蝗虫矣。但另一类虫灾，其猖獗状，大有超过蝗灾之势，几乎日日从眼前飞过，挥之不去。君不见，街头牛二式之“没毛大虫”，欺行霸市、调戏妇女、殴打百姓事，迭相发生乎？电脑“网虫”，制造出多少文化垃圾？而身为读书人、写书人，余对“书虫”更厌恶至极；对古籍乱点鸳鸯谱，见儒家有十三经，便拼凑《佛教十三经》《道教十三经》惑人耳目者有之；与书商勾结，雇几个一知半解大学生，随意剽窃、篡改他人著作，加上哗众取宠的书名，投放市场者有之，而其盗版书之快，更使有司、出版社防不胜防；用商业操作伎俩，炮制“大全”“大典”之类，动辄千万字，错误百出，屡见不鲜……显然，此类“虫”灾已成社会公害、顽疾，不知何日方能祛除？当然，从长远看，此辈所演闹剧、丑剧，终成过眼云烟也。词曲泰斗吴梅先生有《商调黄莺儿·题虫天图》，现节抄如下，但愿“虫”们拜读后，有所悟则幸甚——

俗语破天荒，“螺蛳壳做道场”。丹青妙手画出荒唐相：蝼蛄打梆，蜣螂点香，苍蝇说法更有青蛙唱。紧提防，戒坛高处，怒臂起螳螂！

3月19日于666厂

（原载《文汇读书周报》2000年4月1日）

流失

植被破坏，水土流失导致农田、草原荒漠化，国人已为之大吃苦头。但是，透过光怪陆离、沸鼎烹油的文化现象背后，在一些地方、某些领域，文化也在荒漠化，恐亦系不争之事实。而传统文化之逐渐流失，更使人每一思之，午夜梦回，犹觉心惊。笔者童年所见扁担戏——即一人表演之木偶戏，纵然踏破铁鞋亦难觅踪迹；返故乡，田埂上再也听不到卖饧人悠扬之铜箫声；近日去著名剧场看京剧，偌大剧场，仅坐不足三成之观众，且大部分均为旅行社引来之外宾。长此以往，剧场当门可罗雀矣。正是：

万丈长缨难系日，传统文化正流失，
待到沙暴压城时，莺歌燕舞难再得。

4月19日于忧天居

（原载《文汇读书周报》2000年5月6日）

恶骂

时下文学批评，某些人好酷评。但“酷”来“酷”去，不过流于恶骂而已。如评钱钟书小说《围城》，说“此书中什么都有，就是没有小说”，大奇；谓“鲁迅是块老石头，他的反动性是不言自明的”；痛斥郭沫若“剽窃”钱穆，“无学术道德可言”，等等，令人瞠目。谩骂不等于批评，更何况恶骂乎，此常识虽童稚当亦能晓。值得注意者，自古以来，恶骂时贤，每有江湖客、骗财者混迹其中。如明代李乐《见闻杂记》卷十记载，有人痛骂王阳明，说“我吃了王守仁狗骨头的亏”，可谓几百年前阳明先生之酷评者；但此人又自称乃包拯后代，活了一百几十岁，“曾见阎王，放还”。此人是何许人也，不难想见矣。环顾时下文学界之恶骂者，虽比骂街之泼妇厉害百倍，但如炬目光之焦点，亦不过读者之钱袋而已。但愿此辈小心，切勿与前述王阳明之酷评者续上家谱。正是：

酷来酷去恶声大，岂是等闲顿足骂；

狗血喷头集大成，骗取读者出高价。

5月21日于闻恶声斋

（原载《文汇读书周报》2000年6月3日）

狂甩

寒舍不远处，有条商业街，乃街道办事处违章建筑，因位居通衢，生意尚可。不才近日去海外一月，归后晨起散步，见此街商店纷纷用黄纸贴出大字告示：“拆迁！狂甩！赔赔赔！惨惨惨！”“赔完拉倒！不干了！自认倒霉！”如此等等，大有惨不忍睹之势。然一星期过去，未见一家商店走，宣传阵势依旧。心生疑惑，遂询及卖报青年，答曰：“猫腻大了！已闹腾一个半月了，不知还能骗多久？”原来如此！由此明白，此乃商家推销商品之骗人伎俩也。

反观文海，亦如商海。曾被某学者讥为“戏子”的某作家，不久前接受电视台采访一个多小时，除重弹文坛批评其文与人者，皆书商操纵之滥调，并再一次煞有介事地宣称“封笔”。“封笔”还是“风笔”？惯用机关枪横扫文坛的山西大汉韩石山曰：“又宣布封笔了……只要他把他的笔帽和笔杆对住，套在一起，就叫封笔。”此“封笔”一解也。其实，看看商业街“狂甩”情景，人们便可明白，“封笔了”与“不干了”，何其相似乃尔？货不但天天卖，并因“惨”而一睹者更众，生意火爆。可见此君说书商如何如何，其实也是在商言商，深通商家狂甩术也。正是：

又说封笔不干了，自认晦气把霉倒；

“惨”字后面原是钱，狂甩莫道君行早！

6月17日于戏台下

（原载《文汇读书周报》2000年7月1日）

怪圈

20世纪80年代以来，出版社如雨后春笋涌现，时下每年全国出书数亿册。但所怪者，不受读者欢迎，甚至无人问津之书越出越多，库存积压，不知凡几；无奈充当“马路天使”，若败花残柳，亦难得有客光顾。但学术品位高、有价值之书，却又遍觅不着。漫画家、杂文家方成曾对余慨乎言之：“我年年出书，但从未在新华书店内见过我的书。”不才虽不学，但亦年年出书。自信虽非上品，但绝非下流。前些时接到哈尔滨一位教授电话，说十几年来，他仅在书店中买到我一本书，其余一概未见。夫哈市乃通都大邑，尚且如此，地方小邑，读者若想购到拙著，岂非“难于上青天”乎？去年春，我接到外地学侣来信，托代购《古本聊斋》，我跑了一天书店，仅觅得一部。春末去海外，又有学者打听此书，返里后，遂致电出版社，始知书店、书商称此书已属旧书，不肯进货，出版社只好将剩余之书，统统化为纸浆。呜呼，闻之不胜心痛。正是：

庸书随处见，好书无处求。

图书入怪圈，何时是尽头？

7月21日于咄咄斋

（原载《文汇读书周报》2000年8月5日）

“错到底”

南宋时有鞋曰“错到底”。此鞋何种模样，何以名之？询诸宋史专家王曾瑜兄，答曰待查。清代学者有谓：“当时以为时事之谶，明末时势亦然。”（秦笃辉：《读史賸言》卷三）其实，无论古今，凡独夫民贼、孤家寡人，无不一意孤行，从黑道上错到底，此点姑且不论。仅就当今文坛而言，风风雨雨，是非不断，同室操戈，聚讼纷纭。固然，有的是“秀才争闲气”（借用清初学者评论明末士风语），有的是藉酷评打知名度，有的是制造热点，促销报刊，皆不足为训。值得注意者，有的人身为教授、作家，甚至名重当世，明明自己有错，却拒不承认，执意穿着“错到底”鞋往前走，越来越被动。聊举二例：某地某教中文之教授，剽窃一位青年散文家作品，被多家报刊揭露后不但不知悔改，反而向报刊、原作者、揭发者发难，又是写信又是发传真，又是递所谓民事诉讼状（因并未经过法院），并打着“自由谈”的幌子，著文反诬揭发者在他脸上“刺下两道金印”，原作者是“流娼”“神经病”，其自刑自辱，竟至于斯！又如：某武侠小说大师，近日被五位学者联袂告上法庭，何以故？还不是他固执己见，继续散布有损于学者尊严言论之结果。此公已年迈，聪明一世，何苦来？令人叹息。正是：

穿鞋莫穿“错到底”，海内何妨存知己。

世路万条有规则，岂能横行蛮无礼！

8月20日于长亭外

（原载《文汇读书周报》2000年9月2日）

忧浮肿

我曾经写过短文《浮肿病》，主要说好大喜功乃帝王遗风。乾隆皇帝号“十全老人”更系典型。20世纪50年代初，民主人士张奚若批评领袖好大喜功，他老人家颇为不悦，严词驳斥。后来“一大二公”“大放卫星”等“大”字满天飞，国民经济遭重挫，政治浮肿病终于导致很多百姓食不果腹，全身浮肿，教训深刻，云云。此文编入一本集子时，终审者执意删去。区区小文，何足道哉。但此举似乎透露一个信息：“浮肿病”不值得大惊小怪。若然，则足以令人生忧。作为政治文化的一种不良传统，“浮肿病”在时下又何尝绝迹？仅以本应寂寞的史学界而言，几百万字泛泛之作通史刚面世，上千万字的通史又将登场；这个“伟大”工程刚鸣金收尾，另一个“重大”项目又击鼓开张，看得人眼花缭乱。有行家嘲曰：莫道工程炮声隆，批量生产毛毛虫。其科学性可想而知。但大笔百姓的血汗钱，却随“肿”而逝了！正是：

打脸充胖没来由，健忘浮肿使人愁。

好大喜功民甚厌，多少覆辙在前头！

9月18日于泼水斋

（原载《文汇读书周报》2000年10月7日）

牛汪

“牛汪”一词，大概除了江苏人外，外省者不知其义。犹忆童年乡居，夏日炎炎，水牛耕作归来、饮水食草之际，虻虫、苍蝇之类，即咸来叮咬，老牛虽不停摇头、打响鼻、甩尾，亦无济于事。不才素来心疼牛，况自己亦属牛，遂将老牛牵进事先挖好、约十平方米装满泥浆、牛尿、稀牛粪之塘中，老牛立即下潜，只将眼睛、鼻子露出浆外，虻虫者流，顿时傻眼，无计可施矣。老牛颇恋此塘，乐不可支。乡人均称此塘曰牛汪。

联想文坛，有牛汪情结者，似并不罕见，酷好在臭烘烘之泥浆中打滚甚至下潜，通常只将眼睛、鼻子、嘴巴露出浆外：眼观读者反应，鼻嗅文坛气候，口吐狂言——先承认自己无知，是流氓、痞子，俨然涂了一身臭泥，然后破口大骂，灭老舍，灭巴金，灭鲁迅，恨不能立即将这些文学大师全拖进牛汪，不灭顶也面目全非矣。酷评者中，先自污者少，但无一不是欲污他人，将之拖进牛汪者。当然，最终污了谁？尽人皆知也。正是：

思量牛汪真儿戏，谁为酷评设此谋？

10月23日于大观园

（原载《文汇读书周报》2000年11月4日）

叔伯气

“生的叔伯气”云云，北方人之调侃语也，余初闻之，忍俊不禁。夫生气岂有嫡亲、叔伯之分？“叔伯气”者，甚无谓之闲气也。环顾文苑，生叔伯气者比比皆是。说稍远点，电影表演艺术大师赵丹生前一心塑造鲁迅先生、周恩来总理光辉形象，但直至临终均未能如愿。以至他诀别人寰前，发出“管的太具体，文艺没希望”之浩叹。究其故，据悉因有司执权柄者，对20世纪30年代他与江青稔熟甚感愤愤。其实，陈年旧账，关卿何事？但“叔伯气”一生，赵丹遂含恨终古。悲夫！

说近点，文苑向来是非太多，其中有些是非，颇无谓，如周二先生知堂老人书法飘逸，某处将其宝楷悬于醒目处，遂招来非议。其实，其书法与他当过汉奸有多大关系？甚至对鲁迅之评价，本可理性探讨，但有人却义愤填膺，必欲全面否定而后快，其中重要原因，是对当年鲁迅被神化甚厌恶。但这与鲁迅本人有何关系？凡此，皆生的叔伯气也。清初史家曾指出，明朝灭亡的原因之一，是“秀才争闲气”，可见“叔伯气”害莫大焉。正是：

莫笑口语太俚鄙，何必常生叔伯气？

丈夫有志冲霄汉，俯仰不愧天与地！

11月22日于同仁堂

（原载《文汇读书周报》2000年12月5日）

假领头

我国幅员辽阔，服饰差异甚大，但曾风行一时，今已敛迹的假领头，似乎东西南北，皆此谓也。

犹忆半个世纪前，不才尚在三家村读小学，每见区政府女干部，手缝白色衬衫领头，戴在脖上，以为时髦，乡人颇觉新鲜，村姑钦羡之余，亦有仿效者。至20世纪60年代初，人祸、天灾交织，物资奇缺，布甚紧张，衬衫穿坏，换新谈何容易，只好用少量布制成假领头，权充衬衫穿上。好在外套毛式中山装，人们难窥真相，仍不失体面或革命风采也。改革开放以来，经济腾飞，商品供应逐渐供大于求，区区衬衫，谁家没有多件？假领头早已退出历史舞台，此国人大幸事也。但颇不幸者，环顾政界、学界等，别种假领头——即挂羊头卖狗肉之领导者，又何曾见少也！媒体不断揭露的东西南北之腐败分子，有谁不是该单位之领头人？但此辈不是领导群众建设四化，而是利用职权大搞贪污腐化，大挖国家墙脚。另一类人，有终年瞎混者，居然成了学会会长；点校古籍错误千出、成为中外学者笑柄者，居然被人赞为“好同志”，加上学术带头人桂冠，如此等等。往昔聊充衬衫用之假领头，虽无奈，乃包括笔者在内小民百姓自愿套在脖上也，说不戴，挥手即弃之。而政界、学界等之假领头，十之八九乃大小一言堂主看中，强加小民头上者，百姓虽不乐意，却又奈何不得。正是：

脖上假领刚挥去，头上假领套过来；

何年尽去假头领，不用庸才用英才？！

11月1日于冷眼庐

（原载《北京观察》2000年第1期）

擂鼓三通

20世纪80年代初，香港徐四民先生曾在全国政协会议上说：大陆自己也要三通，特别是中央政府的号令，地方政府必须执行，不能不通，云云。我以为徐老所言极是！直至今日，“上有政策，下有对策”，中央政府之号令，每被某些地方政府打折、扭曲，乃人所周知，固不必论矣。即以通邮论，在堂堂首都，我住石景山区时，致书家住朝阳区的红学家冯其庸先生，他居然一个月后才收到此信；我搬到方庄小区，寄稿给近在咫尺的《光明日报》《中华英才》，居然对方收不到。而外地更加不堪矣。最典型者，深圳一打工仔，中秋节寄给四川家中之月饼，一年后才收到，成了一包虫屎。再说通商，谁能说得清，地方保护主义者究竟设置了多少有形、无形关卡？这已成为国家经济发展的一大障碍。至于通航，多年来我屡坐飞机，几乎无一次准时；而汽车、轮船的超载失事、损失惨重的现象，更每见于媒体。可见依法治国，应进一步加大执法力度，扫除此间三通障碍。时正冬日，腊鼓催春。旧小说写热闹场面，常先“擂鼓三通”。在这送旧迎新之际，我愿使尽平生力气，擂鼓三通，为真正政通人和，助威、喝道！

12月25日于世纪楼

（原载《北京观察》2000年第2期）

谈虫色变

不才是电脑盲，至今对“千年虫”仍不甚了了，回首世纪交替之际，全球沸沸扬扬，防范“千年虫”，世人颇有谈虫色变之感。最可笑者，京中有些电梯门口贴着通告，声称为防止“千年虫”突袭，电梯暂时停开，人们无奈，只好辛苦双脚。有位老大爷闹不明白，忍不住国骂曰：“他妈的，操它个虫！”近日读报，有人著文说“千年虫”云云，乃商业欺诈行为；亦有人著文谓“核弹没有自行发射，飞机没有从天上掉下来”，“千年虫”者，乃世人“自己吓唬自己”也。看来，在21世纪未来日子里，“千年虫”即使捣乱，也掀不起太大风波，从这只让全球虚惊一场之“虫”，不禁联想虎、狗、猪之类动物，均曾使人谈之色变。“谈虎色变”，人皆知之，毋庸论矣。宋徽宗因属狗，便严禁杀狗；明武宗因觉猪、朱同音，自己又属猪，遂下禁杀令，且不许养猪，违令者“本犯并当房家小，发极边永远充军”。“文化大革命”中，余在上海师大，某日有顽童毙死一猫，吊于树上，顿使有司失色，作为反革命事件追查……此类充斥封建专制主义之腐朽气息，不断散发，又何止“千年虫”？正是：

世人争说千年虫，回首往事难从容；
谈猪谈狗色皆变，只缘皇帝谬称龙！

元月19日于笑虫居

（原载《北京观察》2000年第3期）

犹记风吹水上鳞

郭沫若因有多方面之学术成就，且位据要津，生前享有殊荣。去世后，每闻学界异议时起，余从不以为怪，盖此公已成古人，任凭后人评说可也。但近读远东出版社之《钱穆和中国文化》一书内余英时《〈十批判书〉与〈先秦诸子系年〉互校记》一文，却深感骇怪。此文乃余英时老掉牙之文，却一再抛出。早在1954年秋，余英时即在香港《人生》半月刊第八卷第六、第七、第八三期连载其所作《郭沫若抄袭钱穆著作考——〈十批判书〉与〈先秦诸子系年〉互校记》，断言郭沫若的《十批评书》大量抄袭《先秦诸子系年》，从而说郭沫若“是一个完全没有学术诚实的人。这样一来，我们便不能不对他的一切学术论著都保持怀疑态度了”。余英时原以为此文出，“风乍起，吹皱一池春水”，无奈他此时尚系无名小卒，《人生》乃小刊物，兼之彼时大陆甚封闭，据郭沫若生前学术秘书戎笙教授告我，郭沫若根本不知道余英时此文，故余文面世后，纯属“潮打空城寂寞回”。大概是“无语难耐凄凉”，事隔37年，郭沫若、钱穆均已作古，余英时又在1991年纪念钱穆之集子《犹记风吹水上鳞》中收入该文，次年并在香港《明报月刊》十月号发表《谈郭沫若的古史研究》文，重提此所谓学术公案，再次声称郭沫若犯了“严重的抄袭罪”。不久，便将《……互校记》塞进《钱穆和中国文化》一书。郭沫若果真抄袭了钱穆著作？非也，纯属诽谤。《中国史研究》已刊出长篇学术论文《评〈十批判书〉与〈先秦诸子系年〉互校记》，以确凿事实证明，余英时对郭沫若罗织之罪名，“是没有道理和没有根据的”。余英时今日声名不小，大陆为其喝彩者实繁有徒，甚至跟其学舌，著文报端以攻讦郭沫若抄袭钱穆。最近，丁东先生在其所编《反思郭沫若》一书中，继续将余英时文编入，而《中国史研究》所刊批驳长文，则一字不提。余以为，凡此，均超出正当学术批评之外，实乃咄咄怪事也。正是：

郭老著作抄别人？纯属风吹水上鳞！
余氏铸剑四十载，竟是烂铁镀假银。

（原载《北京观察》2000年第4期）

树殇

近日报载：西安市东关大新巷一棵有千年树龄、被西安市政府名列古树名木、明令保护的老槐树，近年来被人逐渐神化，大“树”特“树”，成了“树大仙”。每逢农历初一、十五就有人在树前烧香磕头，据说甚灵验，给树挂红、挂锦旗、挂匾者，实繁有徒。这不仅使我想起故乡一棵古槐的厄运。这棵古槐在古庙“广福禅院”旁，据万历年间《盐城县志》记载推测，此树树龄至少也在五百年以上。犹忆儿时，我每至高作镇，就要去“广福禅院”看佛像，并至古槐下玩耍。此树因年久，树干、树枝皆空，但枝头郁郁葱葱，槐叶翠绿欲滴。但不知从何时起，有人在树干空壳内焚香，见很多枯枝因内空而冒出香烟，竟惊诧莫名，说是神树，一传十、十传百，掀起对此树的造神运动。结果不断有人去烧香、膜拜，求医的、问吉的、求财的、求子的，络绎于途。古槐怎能经得起这样的大“树”特“树”，烟熏火燎？到20世纪50年代后期，终于枯萎而死。20世纪80年代初，我去镇文化馆参观保留的这棵古槐残存躯干，黯然神伤久之。呜呼古槐！它不是毁于风雨雷电，而是毁于人为的顶礼膜拜，这是大“树”特“树”的悲剧。南望家山，西望长安，长此以往，恐怕那棵千年古槐，离死期也不远了！对树不能大“树”特“树”，对人呢？回顾一下建国后由造神运动而导致“文化大革命”爆发的荒唐历程，洞若观火，真乃树同此理，人同此理也。正是：

木秀于林风必摧，何况凭空胡乱吹？
对人对树休大树，千万莫续树殇篇。

龙年清明于槐树岭

（原载《北京观察》2000年第5期）

疯狂消费

马克思曾经指出：古代国家灭亡的标志不是生产过剩，而是达到骇人听闻和荒诞无稽的消费过度和疯狂消费。古人消费，大体可分食、色两大类。那些暴君、巨贪，妻妾如云，恨不能天下美味，尽成“五脏庙”供品，故不必论矣。值得深思者，历史上某些著名改革家，亦追求疯狂消费，结果毁身败家、断送了改革事业。如明代宰相、“一条鞭”法推行者张居正，乃中国封建社会后期赋税史上杰出改革家。但他大权在握后，酷好女色，侍寝者众，力不从心，竟大吃海狗肾之类壮阳物，致燥热难当，“以此病亡”。（明·沈德符：《万历野获编》卷二十一）这不仅使人想起晚明陈眉公《戒欲词》：“……一枝花箭，射英雄，英雄倒。”居正色乃如此，食又如何？同样过度、疯狂。其父病逝，他奉旨归葬，坐着32人抬的豪华大轿，餐时菜肴过百品，“居正犹以为无下箸处。”（明·焦竑：《玉堂丛话》卷八）结果死后，万历皇帝翻脸，抄其家，财产一空，家人惨遭其害，老母命归黄泉。而居正之改革举措，尽遭废除，落得个人亡政息之悲惨下场。反观时下，疯狂消费又何尝少见？与人赌气，一桌饭花去三十万元者有之；用公款养数个小老婆恣情享乐者有之；利用手中权力，至豪华饭店接受吃饭、卡拉OK、桑拿、“三陪”小姐侍候“一条龙”服务，动辄花万元者有之……如此邪风大炽，前景堪虞。正是：

疯狂消费不言丑，昏然跟着感觉走。
待到毁家亡身时，想缩手也难缩手！

4月20日于大钟寺

（原载《北京观察》2000年第6期）

“水浒气”

鲁迅先生曾深刻指出：“中国确也还盛行着《三国演义》和《水浒传》，但这是为了社会还有三国气和水浒气的缘故。”（《且介亭杂文二集·叶紫作〈丰收〉序》）限于篇幅，此处“三国气”存而不论。何谓“水浒气”？在相当程度上说，乃霸气、盗气、匪气、流氓气也。《水浒传》中恶霸形形色色，祝家庄庄主、西门庆、蒋门神之流，虽童稚亦耳熟能详；桃花山、二龙山等山大王，分明是占山为王、打家劫舍、为害一方之强盗；混江龙李俊、船伙儿张横辈，则是驾着一叶舟，“出没风波里”，动辄将客商扔进水里喂鱼的水上土匪；而花花太岁高衙内、没毛大虫牛二之流氓行径，同样令人切齿。

我们是社会主义国家，但社会上还存在严重的“水浒气”，乃有目共睹之事实。君不见，曾嚣张一时的大邱庄庄主禹作敏，论权势、气焰，决不在祝家庄庄主之下，而类似禹作敏的称霸一乡或一村之恶霸，媒体时有揭露，只是此等鼠辈名气太小，旋起旋灭而已；持枪抢劫银行的大盗、披着公仆外衣贪污百万、千万的巨盗，在千岛湖杀人放火的土匪，堪使《水浒传》中的盗、匪黯然失色；而时下横行街头之活牛二，用古老的蒙汗药骗财、杀人的诈骗团伙，我们又何尝少见？此等“水浒气”败坏社会风气，危害社会安定，并往往与权力部门腐败分子勾结，严重损害党和政府在群众中之形象。《水浒传》及相关之影视、戏曲作品，今日依然风行天下，其负面作用——如至今在现实中仍流毒甚广之“水浒气”，岂可等闲视之？正是：

《水浒》读烂熟，毋忘有糟粕；

试看“水浒气”，能说不歹毒？

5月25日于忧天居

（原载《北京观察》2000年第7期）

文坛邪风

横扫风

我曾经给《文学自由谈》写过两句话：文学若无自由谈，天高难问更寂寥。显然，文坛若无批评，寂寞悄无声，绝非好事。但是，我看不惯有的人手持机关枪，动不动就对文坛来一阵横扫，管他青红皂白。

如对余秋雨，我不喜欢他故作高深，动辄一脸文化状，用商业伎俩不断包装、炒作自己。但是，他毕竟不失为散文大家，至少有四五篇散文，堪称一流。可时下有人斥其为“涂着文化口红”，其作品“像久不打扫的厨房，充满油腻”云云，怎能令人信服？对巴山鬼才魏明伦的不断卖弄烂古文、烂对联，不少读者嗤之以鼻，笔者亦深有同感。但窃以为，魏明伦的《巴山秀才》《潘金莲》等剧作，毕竟是成功之作，他的《致姚雪垠书》，当得上“绝妙好词”四字，故此人不失为时下文化名人。但近日有作家著文，把他贬得一钱不值，讥为“伪名人”，是“越是没文化的人越像个文化人了”。这又岂能服众？机关枪横扫虽痛快，鸡飞狗跳，但与健康的文学批评根本是南辕北辙，徒逞匹夫之勇、泄一时之愤而已。

胡攀风

对此题目，读者诸公不可望文生义，以为指胡乱攀附。熟悉文苑掌故者咸知，当年胡适先生名重当世时，有人竟公开宣称“我的朋友胡适之”如何如何，肉麻之至，从此成为著名笑柄。反观文坛，此类笑剧，又何尝一日停止上演？有人对已故著名学者，跟着假洋鬼子鹦鹉学舌，丑诋“剽窃”“全无学术道德”，因深知死者决不会从九泉之下起而抗辩。而对健在之文坛名流，则一一登门拜访，然后著文面世，说谁、谁都是他的好友，对他如何关心、如何赏识，似乎别人高尚，他也立马水涨船高，变得同样高尚。其实，明眼人一望而知，此“我的朋友胡适之”之最新版本而已，徒增新的笑柄。正是：

文坛从来邪风多，先后一波又一波。

无奈风小浑无力，旋起旋灭野山坡。

7月1日于青萍斋

（原载《北京观察》2000年第8期）

裁判

运动场上，无不有裁判。其中最令人敬畏者，当属身穿黑服、俨然法官执法之足球裁判。甲、乙双方，谁是否犯规，全凭裁判哨声定音。文场竞争激烈，此点与球场相似。但作品优劣，若凭某个人充当裁判官，一人说了算，则显然荒谬。不必说得太远，“文化大革命”中江青、康生之流，动辄以终审裁判官自居，宣布这个作品是毒草，那个作者是反革命，将党的“百花齐放、百家争鸣”方针践踏无遗。“文化大革命”结束，人们痛定思痛，认定发展文艺、学术，舍“双百”方针，别无他途。新时期以来哲学、社会科学、文学艺术作品之蓬勃发展，充分证明此乃真理也。但总有个别人，官做久矣，习惯于发号施令，以个人好恶，对学术著作或文艺作品行政干预，以裁判官自居，制造风波，徒生困扰。如早几年，有位青年学者著成重论鸦片战争之史学专著，考辨翔实，议论风生，是中国近代史研究之杰作，深获史学同行好评。但某人觉得不合自己胃口，不仅点名批判，而且在作者单位评职称投票时，亲临坐镇，不准其升研究员。作者无奈调往高校，远离此人，不久即升为教授，其著作亦更受国内外读者欢迎。又如某市评文学作品奖，专家评委会一致投票《他们的岁月》应得奖，但某有司主管却无端插手，推翻评委结论，不让此书得奖。诸如此类，皆与“双百”方针风马牛也。正是：

陈年陋习瞎指挥，“双百”方针搁一边。

岂可一人作裁判，作品任意定是非？

（原载《北京观察》2000年第9期）

“老作家”

作家，虽今日有多如牛毛之嫌，但不断有佳作问世，且人品文品俱佳之作家，仍颇受广大读者尊重，况著作等身、德高望重之老作家乎！

但本文标题打引号之“老作家”，则属鼠窃狗偷之辈。明末西湖伏雌教主著《醋葫芦》第二十回写道：“我来也终是老作家手段，见有人来，就闪过一边，已从墙穴内钻出。”此“我来也”，乃一贼中老手之绰号也。此处“老作家手段”云云，显属老穿窬者伎俩之同义语。大浪淘沙淘不尽，绿林豪客每相闻，故作案时每使用“老作家手段”，此点无足称奇。令人称奇的是，环顾当今学术界，使用“老作家”手段者，竟大有人在。早在20世纪80年代初，一份简报上即披露南方某研究红学之教授，将所指导的研究生毕业论文，提前署上自己大名发表；20世纪90年代以来，随着商品大潮滚滚而来，某些学者（按：古人学者、作家乃同一概念。已故史学家束世徵教授，著文提及学者，最喜用作家一词代之，此乃古风也）不知检点，将商海中买空卖空、投机倒把伎俩带到学术界，败坏学风；等而下之者，已是副教授、教授、博士导师，公然剽窃同行甚至弟子著作，媒体时有揭露。

最令我肃然起敬的是，安徽社联主办的《学术界》，改版后每期均有对戴着教授、学者桂冠的“老作家”指名道姓的揭露，为学风建设不遗余力。使人瞠目的是，有的高校对此类“老作家”竟熟视无睹，以致此辈照样招摇过市。如成都某中文教授，剽窃青年散文家伍立杨文章，经几家报刊公开揭露后，不以为耻，居然反咬一口，说揭发者无端给他脸上“刺下两行金印”，甚至辱骂原作者是“流娼”、“神经病”。如此拙劣表演，实际上仍为“老作家”手段，以攻为守，朝揭发者、原作者眼前撒一包石灰，泼一盆尿，然后溜之乎也，尽管他打着“自由谈”的旗号炫人耳目。作家王朔喜欢动辄“灭”了谁谁，我建议他著文“灭”了学界“老作家”，那才真正是大得人心。正是：

大江东去浪淘沙，学界竟有“老作家”；

鼠窃狗偷成何事，文海岂容泛沉渣！

（原载《北京观察》2000年第10期，

《海南日报》2000年9月8日。）

小保姆言

我家小保姆小梅，鄂北山区人也，年方十七，初中文化。近日同看电视早新闻，见郊县某村党支部书记，恣情枉法，我颇气愤，说：“这哪里还像共产党员？”小梅不以为然，说：“这个支书虽不是好东西，但看上去还人模人样，再说人家毕竟是党员，正牌子的。我家那个村的支部书记，看上去尖嘴猴腮，人模狗样，连个党员都不是，杂牌子的。”我听后大吃一惊，说：“不是党员，怎么能当党支部书记？”她说：“他倒是想入党的，但他老婆生了三个小孩，超计划生育，上头不让他入党。也不知道他通过谁，给了谁多少好处，居然当上村支书了！他小学都没毕业，开会读文件，上句不连下句，我比他强多了，还不如让我当书记呐！”她哈哈大笑，我也大笑起来，心想：不是党员，居然当上书记，真乃天下之大，无奇不有，遂将此事当奇闻说给几位书呆子听，他们都感纳闷。可是，我在发廊洗头，与来自内蒙古大草原深处的打工妹小刘说起此事时，她微笑着说：“您老爷子也是少见多怪。在我们那儿，这种事一点不稀罕，我们村及邻村的支书，俩人都不是党员，老百姓才不管他谁是谁呢！”我问这俩人为人怎么样？她说：“不怎么样！”我立马承认是少见多怪。

我一党也不党，纯粹平头百姓一个。没想到至少在某些农村，党内竟发生这样的咄咄怪事！但转而寻思：是党员又咋的？陈希同、王宝森之流，不都曾是正经八百的党员吗！也许这就是“假作真时真亦假”？正是：

休道杂牌太孟浪，真真假假一本账；

“街前骡子学马走，到底还是驴儿样！”

（按：“街前”二句是明代歌曲词句）

3月2日于大观楼

（原载《中外期刊文萃》2000年第9期）

天高皇帝近

语曰“天高皇帝远”，这当然是事实。元末台州、温州、处州谣曰：“天高皇帝远，民少相公多。一日三遍打，不反待如何！”（明·黄溥：《闲中今古录》）官多如毛，吏治腐败，法纪荡然，民不聊生，最后只能是惟有一个反字了得。这是中国不知上演过多少次的历史悲剧，而细察古今，则又不难发现：天高皇帝近，遭殃的是老百姓。

清中叶学者陈其言《庸闲斋笔记》卷八载谓：“因记黔中苗人称天子为‘京里老皇帝’，称大小官府皆曰‘皇帝’，其私称官府则曰‘矇’。粤西瑶人称官府曰‘瞎’。噫！‘矇’‘瞎’之称，殆《春秋》一字之褒与？”这条史料颇为典型。“称大小官府皆曰‘皇帝’”，可见土皇帝已滔滔天下皆是矣。妙的是，民之口诛，从来就是严于斧钺的。一个“矇”字与“瞎”字，可谓点出了腐败官府之要害处。试问，哪一个土皇帝或贪官污吏，不是上骗中央王朝“京中老皇帝”，下骗劳苦大众，以售其奸，大肆侵贪？同样的是，他们无一不是睁眼瞎：对国法视而不见，不惜以身试法；无视民瘼，全不懂“水可载舟，亦可覆舟”的自古明训。

后之视今，亦若今之视古也。谁能说得清，时下究竟有多少土皇帝？他们无一例外，同样皆是矇、瞎。刚被执行死刑的高官成克杰，在广西时就是个十足的土皇帝。他党龄不长，资格不老，原属庸才，何以能青云直上，直至身居国家领导人之一的高位？无非是把“矇”字钻研透了，专用其能。值得注意的是，他在广西时，利用手中大权，封杀舆论监督。《广西日报》总编深入基层调查后，发现一些单位头头为升官谎报成绩，虚构产值，著文见报后，成克杰大怒，即将该总编免职。没有新闻舆论监督，只能使成克杰这样的政治骗子、巨贪横行无忌。他居然不懂，像他这样的高官，退休后岂能随便在海外定居？却与姘妇李平勾结，贪污千万元，梦想将来在神仙窟里作逍遥游。仅此一点，即可知此人已“瞎”到什么程度！正是：

嗟叹天高皇帝近，变相裂土称王病。

贪官无不瞎与矇，矇到最后丢狗命！

（按：近日传闻，成克杰判死刑后，曾向司法机关某副处长下跪，哀求“饶我一条狗命吧”！呸。）

（原载《北京观察》第11期、

《深圳特区报》2000年11月19日。）

“二两半文化”

“二两半文化”一词，出自某电视剧中一位陕西知青批评另一位老乡之口。不才闻之，不禁莞尔。笑定沉思，感慨良多。“二两半文化”，固然成了没文化或文化很少的乡民笑料。但细寻思，更可笑者，在文化界——包括吃政治文化饭者，“二两半文化”——甚至不足“二两半”者，又何尝少见？身无长技，我只好在文史界觅食，不断与报刊、出版社的记者、编辑、主任、总编打交道。其中有不少人，无知到让人难以置信。如：名牌大学中文系毕业生，不知方成、牧惠、邵燕祥是何许人也，说从来未闻其名；一位编辑问我，从北京去西安是否要经过上海；一位出版社负责人，将拙著中论及古代时“以封建皇权为核心”的“核心”改为“主事”，不通之至，而且令人生疑：难道“核心”成了专有名词？其实非也！又如：我近日下定决心，向学术界的腐败风气宣战，首先从我最熟悉的史学界开刀，用杂文笔调，写了一篇抨击泡沫史学的评论文章，被某报主管以所谓尖锐、“尖刻”会得罪史学界不少人为由，妄加删改成呵痒式文章，可见讲正气、讲学习，不过是此辈挂在嘴边的空话，何尝打算贯彻？他们会做的只有一件事：如同马克思说的，拿一把简单的尺子衡量一切。好在高水平的编者毕竟有的是，我断然抽回此稿后，全文不但已刊于国家外文局主办的网上，而且即将在另一家大报全文发表。连以专吃文化饭名噪一时的人物究竟有多少文化，也令人生疑。作家余某，不是连《古今图书集成》《永乐大典》都一无所知吗？时下某些吃政治文化饭者的水平之低，更令人瞠目。如：毛笔字简直不堪入目，还雅好乱题，某有司主管居然把“艰苦奋斗”之“奋”写成“粪”字，以致一位杂文家调侃曰：“也通，掏大粪的粪斗嘛！”如此等等，形形色色的“二两半文化”者，简直不胜枚举。此类现象，果真可笑乎？否，可悲也！南宋陈世崇《随隐漫录》卷二载有《行香子》，现抄录如下，用以为文化界、政界“二两半文化”者写照，尚望读者垂鉴——

浙右华亭（按：今上海市松江），物价廉平，一道会买个三升。打开瓶后，滑辣光馨，教君霎时饮，霎时醉，霎时醒。

听得渊明，说与刘伶：这一瓶约迭（按：大约）三斤，君还不信，把秤来秤，有一斤酒，一斤水，一斤瓶。

庚辰年11月2日于鬼市

（原载《北京观察》2000年第12期）

揣着明白

常言道，“揣着明白装糊涂”。北方人对此语更耳熟能详。作为文化现象考察，对“揣着明白装糊涂”，可一分为二。就表演艺术而言，如葛优，一肚子明白，却一脸糊涂状，从而构成巨大反差，形成独特表演风格，为广大观众所称道。就绘画艺术而言，写意画尤其是抽象画，虽画面“月朦胧，鸟朦胧”“山在虚无缥缈”中，但作者笔随心走，心里自然是明白如皎月。凡此，皆“揣着明白”之好处也。但“好事为过必为殃”。另一种“揣着明白”，则实属反文化行为，危害百端。如某两位我稔熟的先秦史专家，明知某些传说年代无法断代（按：胡绳先生生前曾说如此断代是神话），却因碍于情面及可拿到丰厚科研费而“积极”投入。如某些地方、某些部门，明知盗版犯法，却为了一己私利，对非法生产者，经销者眼开眼闭，包庇纵容，以致盗版书籍、光盘，禁而不绝，甚至愈演愈烈。如此等等，岂非某些人“揣着明白装糊涂”之过乎？正是：

“揣着明白装糊涂”，成了奸商护身符；

经营毕竟非演戏，护伞迟早被烧糊！

12月17日于阳光下

（原载《文汇读书周报》2001年1月6日）

钓鱼

不久前，我发表过一篇反腐败文章。近日接到两份通知，一份系某社联来函，祝贺我“大作问世”，拟收入其正在编辑的一本文选中，收费五百元；另一份通知系某丛书编委会来信，夸奖拙作“振聋发聩”，故“经专家推荐”，将收入其丛书中，不收费，但需订其丛书一套，计六百元。看了两份通知，令我愤然。近几年来，常常接到此类通知。有的通知上，不仅抬出所谓学术大师甚至要员藉以蒙人，更谓其编委会成员都是著名专家、学者，其所编书具有权威性，我的文章被选入，对于评职称将收“一登龙门，身价百倍”之效。且不说，十几年前，我已评为研究员，拿到国务院的专家津贴，他们的书对我有鸟用。就说其编委会成员，大半皆无名小卒，后经打听，不过是三五书商、七八个乳臭未干的研究生而已。此等用“姜太公钓鱼，愿者上钩”方式，以学术为名行腐败之实的丑恶行径，有愈演愈烈之势。近日报载：某业余作者，发表两千字文章，招来八家文选、文丛之类的入选通知，收费可想而知，真乃荒唐透顶。正是：

不是太公是太私，钓饵下处藏杀机。

让君口袋底朝天，此辈不是好东西！

2月20日于冷眼庐

（原载《文汇读书周报》2001年3月3日）

论语新编

子曰：三人行必有博士导师焉。

子曰：三博导行必有国学大师焉。

子曰：三国学大师行必有文化昆仑焉。

子曰：学而时习之，不亦憨乎！

子曰：未见好色者如好权者也。

子曰：惟女子与小人好养也。饫其膏粱，盈其钱囊，偿其权狂，纵令其头磨尖穿过针眼，亦可也。

子曰：惟“日放一屁”文盲与专写“知名不具”匿名攻讦信者难养也。前者张牙舞爪，后者居人寰而行若鼠蜮。

子曰：恶电视剧之乱历史也，恶武侠热之乱少年也。

子曰：其人也皆愚昧，而好犯上者，鲜矣；不好犯上，而好作乱者，未之有也。盛世至矣。

子曰：仁者安仁？悲夫！

子曰：知者常惑，仁者多忧，勇者日惧，悲夫！

子曰：弃心官、闭嘴，近能。

子曰：有权者必有言，有言者必有德；权之门，仁义存。

子曰：群居终日，言不及义，好行小慧，虽据要津，欲不朽，难矣哉。

2002年10月27日

西瓜皮词典（上）

江浙民谚：“脚踏西瓜皮——滑到哪里是哪里。”

北京童谣：“老面皮，偷了人家西瓜皮。”

惭愧：脸不红、心不跳的简称。例一：某君填中请高级职称表格时，在“学术专长”栏赫然写下四个大字：文、史、哲、经。例二：某人名片上的头衔是“世界名人”。例三：略。

“三人行必有我师焉”，孔夫子的神奇预言。例一：马路上三个人中就有一个研究生导师。例二：某研究所的一、二、三、四把手都是博士导师。例三：不久，三个学者中就有一个国学大师。

从头越：即从文化巨人头上“呸！”的一声后腾空飞越。例一：有人睁着眼说鲁迅的杂文已经过时，没有文学价值。例二：有人闭着眼说郭沫若“剽窃”，“没有学术道德”……

睁眼：即看见苍蝇时的眼睛。

闭眼：即看见老虎时的眼睛。

学会：即学习只要会做官，即使学问平常，甚至不学无术，照样也能当学术团体头面人物之所在。（注：指相当一部分。）

剽窃：雅称文剿公，对“你的就是我的”哲学，学养最深，是梁山不杀人放火的好汉时迁哲嗣在文化领域的杰出代表。

教授：熬到此头衔即不教课授徒者。（注：部分人士。）

文化市场：相当一部分需要“武化”部门带手铐去打扫的特种垃圾场。

姜太公新式钓鱼：你敢不上钩！

广告：姜太公的摩登钓鱼处。

孙子：伪造老祖宗兵法的天才。

聪明：拍领导马屁而又不过分肉麻者。

相声：在胳肢窝呵痒精英大赛中成绩优异者的专利产品。

臭豆腐：腐而不败。

秦香莲：糊涂妇女。她根本不懂维护陈世美同志领导威信事关全局。

2002年4月12日

钟馗大笑

钟馗画像，历来狰狞恐怖，幼儿见之瑟瑟。

近日老友漫画家叶春旸兄为钟馗画相，及捧腹大笑者，甚异。据鬼才某透露：钟大人捉鬼余暇，博览群书（是否想弄个在阴间更是多如牛毛之教授甚至博导当当？不得而知）。某日读魏晋志怪小说，见有奇士将鬼变羊，售于市，沽酒痛饮，不禁拍案叫绝，连称“善哉”！遂下令严打，恶鬼一个不杀，由老钟亲自用特异功能，逐一呵其卵脬，使之变羊、变猪、变昏官、变阔太最宠之叭儿狗、变驴鞭、变海马、变伟哥之弟牛哥。在鬼市倾销，旬月之间获利无数，顿成阴间首富。

地下亦风行阳间一加一等于三之法则：“男人有钱就变坏，女人变坏就有钱。”

钟大人建16层楼豪宅一座，包72个二奶，以潘金莲为核心，终日笙歌鼎沸，玉盘佳肴，左拥右抱，沉醉花丛。

钟哥财大气粗，谁也不放在眼里，连阎王老子见之，也主动打招呼：“钟老板，鼓捣猫腻！”钟馗没事偷着乐，安能不差点笑死乎！

壬午和风拂柳时于牛屋

2002年4月7日

西瓜皮词典（下）

博导：虽不博学，却擅长博取学术美名，并引导弟子也能博取美名者。

杰出史家：能将王国维、董作宾、郭沫若做梦也想像不出的传说年代说得煞有介事者。

文化名人：诸如谦称家中藏书不多，仅有《四库全书》（按：其

3460种，7854卷）、《古今图书集成》（按：共一万卷）之类的著名文化（？）人。

孔小二：孔乙己的隔山兄弟，辩称学术剽窃不属学术腐败者。

美女作家：西施东邻、着三点装、惯用皮肤写作，视肉麻为大雅的文坛不是公的做秀家。

花子拾金：新上演的老戏，国足侥幸冲出亚洲（因未与日本、韩国队交锋）后，该剧到处上演，空前火爆。

评奖：凭权、钱关系往往能拿到大奖的快乐活动。

古道西风瘦驴：当今艺人的神来之笔。

仲夏夜之梦：无数国人共同创作、演出的莎翁同名剧。剧情梗概：国足打入世界杯十六强，轻松得汗都没出。

电视连续剧：由赵公明元帅担任制片，可任意连下去、续下去的电视剧。

相声：相信正常人很难发出笑声。

2003年1月16日

新编《水浒》人物语录

一、大人物语录

晁盖：宋江贤弟，梁山的事，过去是王伦那厮说了算，现在是我说了算，将来你能说了算，我就放心了。

宋江：李逵，你这厮好生无礼！怎敢诬赖俺抢了满堂娇做压寨夫人？老实说，我真的抢了，也不过是游龙戏凤，若是吴用、林冲等大头领抢了，那也不过是生活小节，倒是若你这厮抢了，就是品质恶劣！

罗真人：公孙胜，你还是安下心来跟我一起认真修炼，不要再跟黑三郎宋江搞在一起。我看此人既缺乏把坏事办到底的决心与能力，如杀了阎婆惜，竟溜之乎也，哪像敢作敢为的大丈夫？他也缺乏把好事办到底的决心与能力，时刻想着被招安，能成什么大气候？

吴用：俺看好打虎将李忠。如今世上就数卖狗皮膏的吃香，有真才实学的，反倒不顶用。

鲁智深：长老，您好不晓事！洒家打坏了老掉牙的泥菩萨又咋的，重塑一个新的不就结了！洒家自幼就听老人言道，“死母猪越吹越壮，泥菩萨越镀越亮”，“新箍马桶三日新”，新菩萨又壮又亮，岂不甚好？

鲁智深：郑屠你这狗日的，这么不经打，还叫什么镇关西！你以为你死了，俺就怕了？呸！死了郑屠夫，不吃浑毛猪。

杨志：老都管，你说时下是太平盛世，真是闭了眼睛说瞎话！俺自小就听说过唐朝的贞观之治，“路不拾遗，夜不闭户”，那才是太平盛世。眼下倒好，路上每有强盗杀人越货，夜里打家劫舍，不少百姓饥寒交迫，盛世个鸟！

王英：一丈青扈三娘仔细听着！你胆敢对老哥我用美人计，我就将计就计。

二、小八腊子语录

白胜：老子不过是小偷小摸，向棺材里的死人弄几个子儿花，却被戴上“白日鼠”的帽子，似乎俺是耗子洞里长大的，气死我也！那狗日的西门庆，偷了多少娘们，倒称做千户老爷、西门大官人。那帮贪官污吏，偷了多少民脂民膏，却成了父母官，青天大老爷。俺听说，当今皇上赵官家的老祖，更是在陈桥黄袍加身，偷了柴世宗孤儿寡母天下的主儿，成了宋太祖！这叫什么歪理？俺思来想去，弄不清楚，全是他娘的白搭！

时迁：吴军师的话是至理名言。在俺看来，天下第一废物是书生。他们写的文章、书，俺偷来不费吹灰之力。

武大郎：郓哥，好兄弟，你一个小孩子家，却如此仗义，待俺发了财，开个比狗日的西门庆的狮子楼还大的酒馆，就让你当二把手，全面主持店务。

郓哥：武大哥，多谢厚爱。不过，我还是想找打虎将李忠拜师学艺，如今世道，假货比真货还更像真货哩！

白秀英：雷横，你这狗屁都头，还顶不上一个臭猪头！要权没权，要钱没钱，我这著名歌星傍上你，是老娘瞎了眼。现在我眼睛睁大了，傍上县太爷大人，要权有权，要钱有钱，你说我不傍他，难道我是傻瓜？

金翠莲：鲁提辖大人，你是俺恩比天高的大恩人哪！过去俺被郑屠逼债，被迫在家中接客：进得门来笑嘻嘻，三言两语成夫妻，说了半夜知心话，钞票一扔各东西。所得也不过是仨瓜俩枣，不够还债。亏得恩公相救，如今被本地首富赵员外包了二奶，吃香喝辣，穿金戴银，还有丫环侍候，没有恩公，俺哪有今天！

王婆：判俺死刑，老身不服，俺不过是个拉皮条的，那些开窑子的骚货，大人怎不抓来问斩？十字坡卖人肉包子的母夜叉孙二娘，您敢去抓她吗？大人分明是欺软怕硬，谁叫俺没后台呐，俺老婆子的命苦哇……

店小二：武二郎，谢谢您的这锭大银。实话告诉您，俺这酒确是好酒，三碗不过岗嘛，但掺了不少水，喝上十碗八碗，玩儿似的，根本不醉。而今世上哪儿不掺假？可是老哥喝了十八碗，恐怕多少会有点头晕，路上小心哪。

2003年2月12日

新编《孟子》

孟子见梁惠王。王曰：“叟不远千里而来，亦将有以利吾国乎？”

孟子对曰：“为政慎之，以不变应万变，不变者老皇历也。”

梁惠王曰：“寡人之于国也，尽心尽责矣！然民怨仍多，诽谣流布，何也？”

孟子对曰：“王每自颂，何必？路有饥民，群臣竞争夸盛世，史官更闭目鼓吹盛世修史，民甚厌之耳。”

孟子曰：“为政不难，不得罪于巨室。巨室之所言，皆恭听，连称重要；巨室犯法，不与民同罪。”

孟子曰：“人之患，在好为导师。”

万章曰：“尧以天下与舜，有诸？”

孟子曰：“否，天子不能以天下与人，故仍执国柄。”

告子曰：“食色，性也。”

孟子曰：“侯之门，仁义存；执权柄，食色兴。”

孟子曰：“权，我所欲也；钱，亦我所欲也。二者不可得兼，舍钱而取权者也。有权而无钱者几希。”

孟子曰：“尽信国史则不如无国史。吾去伪存真，仅得二三而已矣。”

孟子曰：“说大人，则藐之，勿视其巍巍然，像煞有介事。”

孟子曰：“天欲降大任于斯人也，必先厚其脸皮，饿其肚皮，自颂不疲，九死无悔。”

2003年4月16日

动物语录

狮子：

一想到老祖宗，俺的心头就滴血。五千年前古埃及的狮身人面，何等巍峨、肃穆！传到中国，俺爷们的形象成了脖子上挂着响铃，追逐绣球的小玩闹，这比割掉俺下边那命根子，更让俺气闷。现在更甭提了！让俺在动物园长期关禁闭，简直就是无期徒刑。人啊，咋的恁缺德？！

老虎：

世上最坏的动物就是人！他们住高楼大厦，却破坏森林，几乎把群山剃成秃子，咱饥寒交迫，被逼无奈，只好流浪到动物园、马戏团瞎混日子。区区毛猴，算什么东西?！居然在山上称大王了！还煞有介事地检阅，獐、獾、鹿、兔、阿猫、阿狗，齐声高呼“大王好，大王辛苦了”。真是岂有此理!

猴子:

想当年，咱的老祖宗“齐天大圣”孙悟空，在花果山上称王，威风八面，英雄盖世，叱咤风云，连玉帝老儿也闻风丧胆。看看咱现在，不过是在“大圣”的光环下，坐享其成罢了，惭愧，惭愧。有个叫盐城王三爷的人，在花果山看到咱这副嘴脸，竟嘲笑是“齐天大碜”，有这么寒碜人的吗? 气死咱了，咱严重抗议!

猫:

听明史专家说，四百年前，咱有个祖宗，人称猫王。哪怕是在笼子里睡觉，附近的老鼠见了也有当场吓死的，没死的都垂头闭眼，连大气都不敢喘。现在倒好，咱一个个肥头大耳。偶尔叫两声，还被老鼠大骂:“这狗日的，叫得有气无力，丢人现眼，还不如死了算了!”九斤老太骂咱是一代不如一代，咱不见怪，没的说。

狗:

知我者，汉高祖刘邦也。他称功臣宿将为“功狗”，何其荣耀！元曲里的包青天自称“俺便是看家的恶狗”，咱多有面子！现在很多人倒好，将我辈视为玩物，有的女主人还与公狗睡一张床，真他娘的不知害臊!

蜂鸟:

别看咱只有蜜蜂那样大，但起飞自如，在空中想飞就飞，想停就停。看看人造的飞机，多笨重！他们想要造出像咱这样灵巧的飞机，起码还要一百年。人，牛个啥?

2004年1月7日

假僧

佛教在中土的传布史，相当复杂。如南宋时，和尚可以结婚、生子，妻曰“梵嫂”，堂而皇之，人不为怪。明清以降，和尚若未还俗即娶妻，被视为非法，人多讥之。犹忆1977年冬，笔者游安徽某名刹，晨起观僧众念经，听来颇觉荒腔走板。未久，即见二僧当场吵架，互骂“操你……”，风景杀尽。盖经十年浩劫，和尚死者、改行者不知凡几，欲觅一真和尚比觅一教授还难，故卖香农民纷纷穿起袈裟当和尚矣，其伪可想而知。近闻友人言，河北某名寺之住持，居然亦是假和尚，伪称其女儿乃外甥女，携入寺中照料，识者嘲为“外甥女即外生女”，传为笑谈。假和尚由不会念经而出任住持，可见造假之风升级矣。

其实，此种假住持在文化、学术界又何尝少见？现在动辄横空出世之“首席科学家”“首席学者”，又有几个名实相符？近日又冒出“首席学术大师”率众编纂一套大书，名《×藏》，尤其不通之至。正是：

花有清香月有阴，禅房深处有假僧。

方内方外竞造假，笑煞当年鲁智深！

2004年2月20日于铁槛寺

古本《老子》今译

虽无道，经常道，即成道；虽无名，经常鸣，即成名。

——成道成名章第一

恍兮惚兮，其中有象：煞有介事，装模作样。

——牛屄章第二

老子天下第一。

——发昏章第十三

有就是无，无就是有；有是小有，无中生有是大有。

——有无章第十四

平平贼贼平平贼，贼贼平平贼贼平。

——盛世章第十八

舌头咬不动蚕豆，牙齿嚼豆咯嘣响，何故？

舌头软弱，不好意思；牙齿死皮赖脸，硬挺。

——硬撑章第十九

看君有帝王相，就看脸皮厚成啥模样。

——薄脸皮无用章第二十三

儿女是妈养的，厚脸皮是自己长的。

——伟大章第二十六

天地不仁，以万物为猪狗；圣人不仁，以万姓为猪狗。

——舵手章第四

死而不亡者寿，未死而亡者臭得不如一屁之长久。

——不朽章第三十二

圣人无心，以百姓心为心；政客有心，假借百姓之心为心。

——为民章第四十九

信言不美，美言不信；空头支票最炫百姓。

——信用章第八十一

2004年3月25日

新编《西游记》人物语录

玉皇大帝：大胆泼猴，你竟敢反上天庭，这是杀头灭门之罪！

孙悟空：呸，你姓张的（按：据历史学家张政烺教授考证，玉皇大帝姓张）有啥了不起，想永远当皇帝，是做梦！俺老孙有句名言：皇帝轮流做，明年到我家！

猪八戒：要奋斗，就会有牺牲，上床的事是经常发生的。姐们儿快来吻！

蜘蛛精：臭猪头，也不撒泡尿照照自己，你胖得裤腰带系在肚子上，干得了吗？你这身臭肉，一文钱十斤也没人要！

猪八戒：啧啧，姐们牛个啥？你们不就是妖精里的基本群众吗？没一个长得出众，俺不在意，你们倒不识抬举！

孙悟空：你这呆子，叫你去巡山，竟在山窝里睡懒觉，还对着大青石练撒谎，哄骗师父。

猪八戒：这有什么大惊小怪的？咱听在沙滩上教私塾的牧师说，古希腊有位哲人讲过，对政治家而言，他早上说的话，中午仍承认是他说的，就是奇迹。咱虽不是政治家，也曾在政界主过事儿，当过天蓬元帅呦！

太上老君：大圣，别打死它！这逆畜原是我的坐骑青牛，它趁我打瞌睡，偷跑到下界来作怪了。而今它显出本相，我要牵回去，仍当坐骑。

孙悟空：俺老孙明白了，这些妖怪兴风作浪，作恶多端，根子就在你们身上！俺与师父去西天取经路上，遇到的妖怪，有几个不与你们沾亲带故？什么牛鬼蛇神，也就是牛魔王、恶鬼、蛇精之流，都通神，神是魔的总后台！

魔头：小的们，快把大锅刷干净，准备煮唐僧肉。

众小妖：哇塞，大王万岁！俺们都要吃唐僧肉，一人一口，不吃白不吃，皆大欢喜。

魔头：孙悟空，你见了大王，怎不下跪？

孙悟空：呸，俺平生只跪三位代表：观音菩萨、我佛如来、师父唐僧。你算什么东西？

孙悟空：如来！我们师徒受了万蜇千魔，千辛万苦，自东土拜到此处，蒙如来吩咐传经，被阿傩、伽叶掯财不遂，通同作弊，故意将无字的白纸本儿教我们拿去，我们拿它去何用？望如来敕治！

如来佛：你且休嚷。经不可轻传，亦不可以空取。向时众比丘圣僧下山，曾将此经在舍卫国赵长者家与他诵了一遍，保他家生者安全，亡者超脱，只讨得他三斗三升米粒黄金回来。我还说他们卖得忒贱了，教后代儿孙没钱使用。你如今空手来取，是以传了白本。你委屈个啥？

孙悟空：好家伙，三斗三升米粒黄金，多大的数目，还说卖贱了！如来，原来你也忒贪财，虽说口吐莲花，却是个假慈悲！

2004年5月19日

学术乎？魔术乎？

近日看到一本史学著作，封面署名是某某二人"等著"，但看书中，署名第一者未写一字。但立刻有拍马者著文报端，称二人为"主编"，为本书叫好。未写一字，竟能在封面上列名第一，至报纸，又摇身一变，化为"主编"，真个是"眼睛一眨，老母鸡变鸭"，确有变魔术的本领。何以如此？无非此人乃学官，能申请到经费，自有人奉承，自己亦有脸不红、心不跳之过硬功夫，故能泰然自若。此事尚属当今日甚一日学术腐败之小焉矣哉。某社科研究机构，今春给研究人员评津贴补贴，有一级、特级。这使人想起20世纪50年代给教授评级。以史学而论，复旦历史系仅周谷城教授为一级，历史地理学泰斗谭其骧教授、经学史专家周予同教授、思想史专家蔡尚思教授、世界史专家王造时教授、耿淡如教授，及战国史专家杨宽教授、明清史专家陈守实教授等，均名重当世，但都评为二级。北大历史系仅翦伯赞教授、向达教授评为一级（按：向达教授1957年被打成右派后，降为二级），余如著名学者邓广铭教授、周一良教授、齐思和教授等，皆二级、三级。而某史学机构，不仅评出多名一级研究人员，其中不乏学术平平者，与当年之一级教授，不啻泰山、土块之别。更使人惊异者，

“特级”应指学术上有特别重要贡献，故评“特级”。但即使用天文望远镜搜索，也难觅其特别重要贡献之踪影，说穿了他们不过是曾任学官，至今仍能上下其手而已。如此这般，与魔术、空手道有何殊异？史学界甚至有公然剽窃他人著作当上学官，领导科研，甚至当上大学副校长，育人子弟者。看来，离给史学界发病危通知书之日，不远矣！正是：

学术变魔术，如此怎了得？

官大学问大，何尝有史德！

2004年8月18日于拍案斋

拉郎配

曾几何时，“拉郎配”式之闹剧，已在学术界频频登台，并历久不衰矣。写武侠小说的作家，摇身一变，竟成中外关系史、隋唐史之专家，并任博士导师，是其一例也。某湖南青年农民，因手头紧伪造铜片“奉天玉诏”，说乃李自成遗物，卖给县博物馆，该馆竟如获至宝，购后邀请京中鉴定字画、古书专家者流，居然得出此乃国家二级文物结论，并发给证书，何其荒唐！笔者因接到当地知情人揭发信，深知内幕，故在一次学术会议上，提出一千美金“打赌”，与会之湖南有关人士无人敢赌，因彼辈心虚也。近日某有司声称组织七位一流明史专家审查一部明代题材之电视剧，会后始知，有几位名不见经传，无著作行世，岂能称一流？有位教授乃教中国近代史者，与明史无关。会上除个别学者意见平实可取外，其余所述多半乃风马牛。显然，此乃又一出“拉郎配”闹剧也。正是：

拉郎拉到天尽头，可怜学术亦被蹂。

瞎七搭八何时了，歪风处处使人愁。

2004年9月20日于大观楼

奇迹乎

时下奇迹太多，令人眼花缭乱。人称“双剽”（剽窃美国科学家著作、嫖娼被抓）者，竟成某高校一把手；抄袭他人学术论文，露馅后私了者，竟成教育权力部门负责人，并主管学生思想品德教育；打小报告政治诬陷著名学者者，在一些人眼中竟是“左宝贵”（按：借用清末抗日将领名），封为“好同志”，官拜某研究所所长，且过了六十亦不退休，似乎没有他“地球就不转”；标点古籍错误百出，书出版后只好化为纸浆者，竟当上全国图书评奖古籍组评委、某史学团体副会长；对史学纯属文盲者，竟是某部重要史学著作的主编。倘吴趼人地下有知，当恨不能立刻返回人间，续写《二十年目睹之怪现状》。此等奇迹，皆腐败树上结出之歪瓜裂枣也。正是：

大浪淘沙淘不尽，《儒林外史》写不完。

此等奇迹知多少，浊水滚滚走泥丸……

2004年10月19日于拍案斋

二老言

20世纪80年代，武汉青年诗人熊召政崛起文坛，《举起森林般手臂，制止》获文学大奖，传诵一时。时任湖北省委书记陈丕显亲自接见，夸奖、勉励。熊召政顿感“春风得意马蹄疾，一日看遍城中花”。时任湖北省文联党组负责人骆文，特地引熊召政分别拜见湖北文坛二位耆宿老诗人徐迟、小说家姚雪垠。没想到，徐迟开头即给熊召政泼了一盆冷水：“我不喜欢你那种马雅可夫斯基式战斗诗句。大诗人雪莱、普希金都曾经是战士，但从不写战斗诗句。你要认真学习。”去见姚雪垠，姚老更迎头给熊召政泼了一桶冷水：“写点诗算什么？何况你才写了一首好诗。你将来死了，一首诗能当枕头垫头吗？总得有一部像样的书吧。你要好好读书！”告别二老，熊召政本来发热、发胀之头脑，立刻冷静下来。后花五年时间读明史，又花五年时间执笔、修改，终于写出四卷皇皇大著长篇历史小说《张居正》。问世后，除个别先生单枪独挑，对《张居正》大肆挞伐、“横加夏楚”外，好评如潮。反观时下，文学批评多半沦为盲目捧场，一味当吹鼓手，甚至有状近肉麻者。个中也不乏老辈胡乱作序，轻率表态，致使某些青年作家忘乎所以。徐迟、姚雪垠均已作古，但二老所言掷地有声，应写入当代文学批评史，成为传世名言。相比之下，拿到二三千元审读费或出场费之名家，即将青年作家捧至云端，真该愧死矣！正是：

严冬无处觅子规，嗟叹二老驾鹤归。

当头棒喝难再觅，惟见鸡毛满天飞！

2005年1月29日

保卫战

笔者在抗日战争、解放战争的烽火中度过童年，对斯大林格勒保卫战、北平保卫战等，耳熟能详，心甚佩之。及长，尤为近几年来，每见另一种保卫战——保卫学术剽窃，心甚厌之。20世纪50年代初，东海舰队水兵赵莱静（1955年考入复旦中文系）作词之《远航归来》，风靡一时。但不久音乐杂志《园林好》及某报揭露此歌作曲乃抄袭前苏联作曲家之作品，以原作曲谱对照，如出一辙，铁证如山。但偏有青年学子，著文为抄袭者辩护，说他是青年，应予以理解云云，理由荒谬。“保卫”之结果，是此歌再无人唱，从歌坛消失。两年前，北大王铭铭教授抄袭美国学者著作东窗事发，又偏有其友人、弟子纷纷在网上、报上著文，曲为之辩，打了一场保卫王铭铭之战，结果自然是枉费心机，可见自有公道在。但亦有另一种情形在：剽窃者后台强悍，死不认账，居然将“保卫战”打胜，弹冠相庆，将公道丢进垃圾桶。如某历史研究所提拔一名所长助理，被学人揭发，其论文抄袭北大历史系教授阎步克著作，不仅在网上闹得沸沸扬扬，且刊于《新京报》。按理说，所长助理乃蕞尔小官，既然道德水平低下，免去助理即是。但该所头头，坚决“保卫”此人，任凭风吹浪打，“我自岿然不动”。至今仍助理照当，可见学术腐败已日甚一日矣！正是：

保卫剽窃竟不败，说是奇怪也不怪。

只要腐根不铲除，邪气必定处处在。

2005年11月1日于冷眼庐

爬灰

爬灰又称扒灰，翁偷媳也。乱伦丑行，人所不齿，故《红楼梦》里的“屈原”（鲁迅语）焦大声讨贾府的罪状之一，便是爬灰。清代有则笑话谓：某地道德沦丧，乡绅爬灰成风。新县令上任，决心整顿，集众多乡绅于衙前，喝令：“爬灰者一律站到左边，本官已调查清楚，不得违抗！”迫于行政压力，兼之大概觉得左比右好，爬灰者纷纷往左。但有一富户，一会向左，一会向右，心神不定。县令见状，问：“何故如此？”此翁嗫嚅曰：“回禀老大人，小的不曾爬灰，但常偷弟媳，不知该站左边还是站右边！尚望大人恕罪明教。”走笔到此，顿生奇想：在当今人丁滋生太快“无日不风波”的新儒林中，是否有个别爬灰者？无从知晓。但有一点肯定无疑：在左、右间游移不定者，并不罕见。如有人在20世纪60年代，著文讨伐人道主义。80年代初，拨乱反正，遂著文肯定人道主义。不久，有人发动批判“人道主义”“异化”，此人摇身一变，又著文否定人道主义。故在一次伦理学研讨会上，有人向此公提问曰：“您的人道主义观点，究竟以哪个年代的为准？”此公面红耳赤，状甚尴尬。类似此公者不少，不知彼辈学术良心何在？其政治品质，实在让人不敢恭维也。正是：

圣贤毕竟先知："吾道一以贯之。"

何故忽左忽右？紧跟风向投机！

2005年2月7日

恶病

环顾学界，患历史健忘症者大有人在。最近某学者为当年清兵入关大肆叫好，说由此导致"康雍乾盛世"。这固然是老调重弹。早在20世纪80年代开始，即不断有人为清兵入关评功摆好，说清兵不入关，中国将陷于长期内战。其实，无清兵入关，李自成肯定统一中国。又有人全面为引狼入室的吴三桂翻案。其实，他早已被钉在历史的耻辱柱上，为其翻案，使尽招数亦枉然。现在有人摆出"康雍乾盛世"迷魂阵，窃以为亦属白费心机。汉代"文景之治"、唐代"贞观之治"，因其社会安定、思想宽松、经济繁荣，人称盛世。而康雍乾三朝，虽然经济发展，但闭关锁国，文字狱横行，知识分子横遭屠戮。人们噤若寒蝉，反暴政农民起义不断发生。凡此，岂能目为盛世？如硬说此即盛世，亦属可憎、可鄙之盛世。清兵入关南下，距今亦不过361年。清人以落后的生产方式，征服先进农业文明之中原，必然带有民族压迫、野蛮掠夺性质，"扬州十日"、"嘉定三屠"等烧、杀、抢的残暴行径，难道能从历史上一笔勾销？后来之"逃人""圈地""迁海"等倒行逆施，使汉族地区生灵涂炭，难道可以视而不见？颠倒历史是非，将严重误导年轻一代。更有甚者，北大某教授公然著文，为"文化大革命"翻案，极尽评功摆好之能事。倘国人均与此人一样，忘记"文化大革命"惨祸，有朝一日，"文化大革命"或类似"文化大革命"之浩劫，即有可能卷土重来。正是：

百病之中有恶病，患上历史健忘症。

史实斑斑血泪在，岂能是非皆不问！

2005年2月20日于拍案斋

破头先

江南乡间有"破头先"之说，稗史中亦偶见之，今人多不解其意。查清中叶青浦王有光著《吴下谚联》卷三"破头先"条谓："劈头得一个祥语，谓之破头先，世多忌之。"并举例：传说明朝一代忠良于谦问终身祸福于嫂，嫂骂"天杀"！后果然在英宗复辟后被杀。显见"破头先"语含晦气、倒霉之意，故遭世忌。此语流传渐稀，但另一种"破头先"现象却随处可见：学而劣则仕，某些庸才、劣士、鄙夫、陋儒寅缘攀附，竟成了一些单位的头头或带头人，于是该单位很快晦气重重，无异倒八辈子邪霉。一些国有企业破产后，往往挖出蛀虫，原来企业乃被破头儿贪污、挪用、挥霍殆尽。北京某出版社乃拥有金字招牌之老出版社，从后门进来对出版仅一知半解的王伦式人物当头后，强项被砍，人才流失，负债累累。南方某报原领导谢世，新任主管乃不读书之辈，编辑千方百计约来名家之稿，竟遭其白眼，不入流之地方人士文章充斥版面，如此搞文学地方保护主义，何其愚也！正是：

挥之不去破头先，时下晦气更蔓延。
何日庸劣尽下野，"九州生气恃风雷！"

2005年3月7日

隔膜

20世纪30年代，鲁迅曾写杂文《隔膜》，揭示因隔膜造成的种种困惑与悲哀。无奈的是，隔膜依旧。即以近事为例：茅盾文学奖尘埃落定，熊召政的长篇历史小说《张居正》因获评委全票通过，拔得头筹。有人著长文将此小说贬得一钱不值，甚至斥为"坏书"。何其故？无非是此人自我感觉太好，视我辈充分肯定《张居正》者为草芥，惟有他"众醉独醒"，其实不值一哂。又如近日有人著文谈隐射史学，将借古喻今与“意图伦理”混为一谈，将评价历史之价值观与尊重历史事实混为一谈，所论实属风马牛。究其故，此人于史学隔膜甚深也。再如近有读者来信，指责不才所写《新世说》专栏，多半不点名，令他迷惘，说应该直来直去，一律点名，否则应“紧急叫停”此专栏。这位先生未免天真。他不知道，《新世说》着重文化批评，抨击不良社会倾向，并非道德法庭。再者，所涉及人名有部级、厅局级高官，按规定，如点名批评必须申报批准。若然，我与报社岂非作茧自缚乎？此君对世事隔膜如此，俨然桃花源中人，良可叹惜。正是：

老来捉笔常浩叹，世人隔膜亦何多！

休让浮云遮望眼，春风杨柳正婆娑。

2005年4月19日于一笑斋

鼓捣猫腻

不才曾写短文《钟馗大笑》，谓钟馗用妙法成为阴间首富，风光无限，连阎王爷早上见之，亦主动打招呼：“钟老板，果得猫腻（Good morning）！”漫画家方成先生看后，笑曰：“应改成‘鼓捣猫腻’，现在到处都是瞎鼓捣！”方老之言何其精辟、幽默也。即以文化、学术界言之，瞎鼓捣、搞猫腻可谓层出不穷，弄个工程妄图造就一千个学术大师者有之。难道章太炎、梁启超、王国维、胡适等大师，系某工程所培养乎？何其荒诞！时下书商春风得意，雇人抄袭、剪贴，拼凑出多少“金玉其外，败絮其中”之劣质图书？近日“凤凰卫视”名嘴窦文涛即公开坦承：20世纪80年代时，书商给他两千元，他即熬了三夜抄袭出一本书，故具名“敖夜”，甚可哂也。如此等等，不胜枚举。正是：

到处瞎鼓捣，猫腻随时见。

劝君需提防，切勿受其骗！

2005年5月16日于灯下

稿费

近日，漫画家方成老人告诉我，20世纪50年代，他一幅漫画可得稿费20元，宴请十个朋友足够。其时小学教师、合作社营业员月工资仅有18元，照样养家糊口。不才正上大学，每月伙食费12.50元，第一篇史学论文发表，得稿费30元，够用两月。现在如何？方成漫画，一般一幅仅百元，连一人下馆子都不够。漫画家丁聪告诉我：上海某晚报曾转载其漫画一幅，半年后寄给他4.52元，岂非见鬼乎！以不才而论，单篇文章稿费再高，也不够半月花销。多年来，我为数家出版社主编过十几种文史类著作、文丛，主编费数千元至一万元不等。待遇最差者乃两家古籍出版社。可见古风不在，斯文确已扫地矣。民间相传清初金圣叹老先生曾发牢骚曰：

前世未曾拜佛爷，今生被罚结文缘。

乌龟王八全涨价，就是文章不值钱。

梁任公言

六百年前，郑和率庞大的武装船队远渡重洋，乃当时世界之最。郑和是赤道以南非洲东岸之发现者，领先大航海家迪亚斯、哥伦布、达·伽马至少八十年。弘治年间，世界开始掀起人类史上第一波全球化浪潮，郑和堪称此浪潮的先行者。凡此，郑和足可彪炳千秋矣。然从万历至今，稗官小说将其神化，愈说愈玄。近几十年，官方及流俗学者以今铸古，将其圣化，给郑和戴上“和平友好使者”“平等贸易的先驱”“和平崛起的体现者”等高帽。实际上，明成祖朱棣派郑和下西洋，乃在宣扬天朝国威、天子圣明，以及肯定用残酷手段从建文帝手中夺权之合法性。所从事之朝贡贸易重在赏赐，不计盈亏。进口的亦多为奢侈品，于国计民生无补。从洪武二十三年至成化二十二年，国内共生产白银三千万两以上，而郑和下西洋即花去白银六百万两，使明朝财政捉襟见肘。故梁任公曰："郑和以后，竟无第二之郑和。"何以故？郑和下西洋，本质上乃朱棣制造之政治泡沫也！正是：

先贤不是堂中鼓，重槌猛敲发大声；
郑和史实昭然在，休将高帽套古人！

2005年8月18日于求实斋

官大等于学问大？

文史爱好者皆知，明代剧作家、《牡丹亭》著者汤显祖，享誉世界戏剧史。江南某地，曾开学术会议研讨汤显祖生平及创作成就。按惯例（按：依鄙见，实属陋习，应予革除），该地主管在会上先发表"重要讲话"（按：此乃又一陋习也）。不料此公开口闭口均"汤祖显"如何如何，让与会者哭笑不得。须知，若错一次当属口误，不值得大惊小怪，通篇讲话皆说成"汤祖显"，只能表明其对汤显祖之隔膜无知。官大不等于学问大。偏有拍马、跟风者，不管什么会议都要领导作"重要指示"，领导非万能博士，岂能不说错话？某些领导自觉不自觉误以为自己官大学问就大，信口开河，必然错得离谱。把汤显祖说成汤祖显者，当属此类。实际上，此类现象屡见不鲜。不是有人曾在西安交大，号召师生"努力奋斗，把公路、铁路搞上去"吗？不是有领导说郑和下西洋"是国际平等贸易的先驱"吗？实际上，郑和从事的是朝贡贸易，不计盈亏，用以宣扬大明帝国之天威雨露，故七下西洋，磨费白银六百万两，使明朝财政捉襟见肘。明代苏州有位通判（按：官名，负责州中粮运及农田水利等事务）不学无术，不识翁仲（按：王侯、高官坟前石人）为何物，竟倒呼仲翁。有人写打油诗嘲之，抄如下，为今人戒：

翁仲如何作仲翁？读书全未有夫工。

想来难入翰林院，只好苏州作判通！

2005年9月7日

不识泰山

最近汤学智研究员在《社会科学报》上著文《建议取消“博导”称谓》，以遏制学术腐败风。不亦快哉！但恐难以实行。博导滔滔天下皆是，成了名利代名词，彼辈甘之如饴（其中学官尤其如此），谁肯放弃？再之，博导有龙虎狗之别，不宜一刀切。余最厌恶者，尚非博导称呼，乃评博导中之官本位、宗派作风。蔡尚思教授年逾百岁，是史学界惟一健在的曾当面向梁启超、王国维、章太炎等问学者，其研究思想史领域之成就，更众所周知。但20世纪80年代复旦向上申报蔡老博导资格，竟未获通过。其时谭其骧教授在京还特向有关人士打招呼，谓：“他是史学前辈，如博导通不过，我如何向复旦交代！”听者竟置若罔闻。近读《史学家茶座》上兰州大学张克非教授谈其业师赵俪生教授文，得知该校亦曾上报赵老申请博导，竟遭有司否决，使该校历史系蒙受巨大损失。赵老博古通今，文史兼备，著述不辍，是中国农民战争史之拓荒者。其高足孙祚民、孙达人，更为史学界熟知。冯其庸教授乃中国古典文学专家，尤以红学鸣于时，诗、书、画俱佳，曾指导硕士研究生，但非博导，原因不明。上述三位前辈：蔡老，余业师也，赵老也曾谋面，冯老乃余好友，对其学问成就，自信知之。但居然皆非博导！此非三老之耻也，中国学术界之耻，莫此为甚！正是：

百年河汉望泰斗，三老顶天立地间。

竟有陋儒闭双目，有眼偏不识泰山！

采集文明 传播智慧

以智慧、慈爱、勇敢之心，做弘扬正见、培育人才、福利社会、净化人心之事